終着駅はこうなっている

レールの果てにある、全70駅の「いま」を追う

谷崎 竜
Tanizaki Ryu

交通新聞社新書 043

まえがき

終着駅のたたずまいは独特だ。

ホームの先で途切れる線路、隣駅表示が片方だけの駅名標。行き止まり駅ならではの、駅前の町の様子も趣深い。

それぞれの終着駅には、線路がそこで終わる「理由」がある。その理由は、地形的、歴史的要因などさまざまだが、それが終着駅の醸し出す雰囲気に、少なからず影響を与えているように思う。

終着駅の風景で最も好きなのは、線路の終焉《しゅうえん》部分、いわゆる「車止め」だ。

車止め付近のレールは、長い間列車が通ることがないため、たいてい赤錆びている。その末端はコンクリートの路盤であったり、草に埋もれていたり、中には高架橋のまま途切れる終焉部もある。線路の終わり方が、終着駅およびその路線の特徴を、雄弁に語っていることもある。

終着駅という言葉の意味は曖昧だ。函館駅は函館本線の起点駅だが、札幌方面からの特急列車に乗れば、ここは行き止まりの終点駅であり、「終着駅」ともいえる。

一方、神戸駅は東海道本線の終点駅だが、そこから継続して山陽本線が延びており、「終着駅」

とは言い難い。山陽本線終点の門司《もじ》駅や、東北本線終点の盛岡駅にしても同様だ。
言葉の意味などは曖昧でよいのだが、単行本としてまとめる以上はそうもいかず、なんらかの統一性が必要になる。

本書では終着駅の定義として、「路線の行き止まり駅で、同一構内から別の路線（ケーブルカーなどでない一般の鉄道）が接続していない駅」とした。「そこから列車で一方向しか進めない駅」と言い換えることもできる。

その定義でいえば、函館駅や門司港駅は「終着駅」となるし、伊東駅、鳥羽駅、和歌山市駅などは候補から外れる。上記の条件を満たす「終着駅」は、ＪＲ線だけで約60駅あり、全国の私鉄、路面電車、地下鉄なども含めると、その数は２００以上に及ぶ。

そのうちの70駅を選択し、本書で紹介した。

終着駅は、地形的および歴史的に見て、「都市型」「海浜型」「山麓型」「廃線型」「未成線型」のいずれかのタイプに分類できる（都市型+海浜型など、重複する場合もある）。紹介する各終着駅のデータ欄に、当てはまるタイプをアイコンで記載した。

このうち「廃線型」は、もともとは中間駅だったのが、片一方の路線が廃止されたため、終着駅になったもの。「未成線型」はそれとは逆に、延伸計画がある（あった）ものの、その計画が中止もしくは休止した状態の終着駅のこと。

また終着駅の情景を表す指標として、【観光度】【哀愁度】【到着困難度】を設定し、それぞれ星の数で表記した（★5つが最高点）。

こちらも補足をすると、

【観光度】――駅周辺の名所、史跡、観光施設の数や集客力を反映。駅の利用者のうち、観光客がどれくらいの比率を占めるかも判断材料としている。

【哀愁度】――駅前の町や集落の雰囲気、1日の平均利用者数などにより評価。駅前にビルやコンビニがあれば「低評価」とし、片面ホームの無人駅で、線路の末端が雑草に埋もれていたりすれば、「高評価」とした。もとより著者の主観である。

【到着困難度】――各地方の中心都市（北海道なら札幌、東北なら仙台）からのアクセスに加え、運行列車の本数も反映している。大都市近郊であっても、1日5本しか列車が来ないような駅は、高く評価した。

本文では、終着駅それ自体にとどまらず、その路線の見どころについても触れた。各路線の歴史、名所、客層、車窓風景などは、終着駅のたたずまいを決定づける要因のひとつでもある。

なお記事や写真の多くは、平成10年から平成24年取材当時のものである。昨今は駅舎の改築や駅周辺の環境変化が大きい。あまりに激変している場合は注釈を入れ、また、データは最新のものを記載するよう最善の努力をしたが、現在の状況とは異なる場合があることも、付け加えておきたい。

終着駅という言葉の響きはいい。何かが終わるのと同時に、何かが始まる予感もする。実際、線路の車止めから駅の方向を見ると、終着駅は「終わりの駅」ではなく、線路がここからスタートする「始まりの駅」でもある、という思いを強くする。

また線路が途切れているからこそ、その先に何があるのかという想像は、無限に広がる。それもまた、終着駅の持つ魅力なのかもしれない。

終着駅はこうなっている——目次

第1章　北海道編

第2章　東北編

第3章　関東編

第4章　中部編

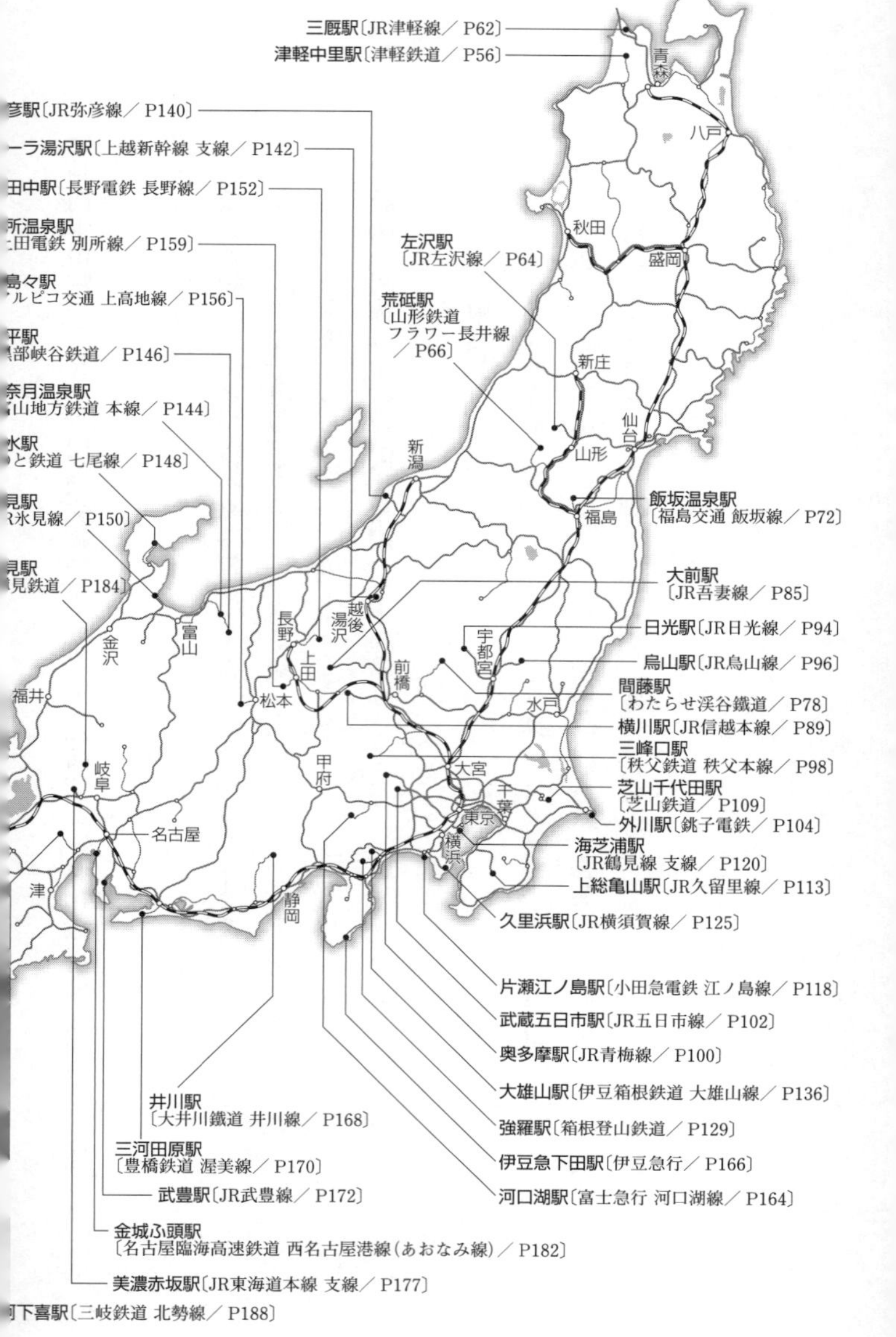
三厩駅〔JR津軽線／ P62〕
津軽中里駅〔津軽鉄道／ P56〕
彦駅〔JR弥彦線／ P140〕
ーラ湯沢駅〔上越新幹線 支線／ P142〕
田中駅〔長野電鉄 長野線／ P152〕
所温泉駅
田電鉄 別所線／ P159〕
島々駅
ルピコ交通 上高地線／ P156〕
平駅
部峡谷鉄道／ P146〕
奈月温泉駅
山地方鉄道 本線／ P144〕
水駅
と鉄道 七尾線／ P148〕
見駅
R氷見線／ P150〕
見駅
見鉄道／ P184〕
左沢駅
〔JR左沢線／ P64〕
荒砥駅
〔山形鉄道
フラワー長井線
／ P66〕
飯坂温泉駅
〔福島交通 飯坂線／ P72〕
大前駅
〔JR吾妻線／ P85〕
日光駅〔JR日光線／ P94〕
烏山駅〔JR烏山線／ P96〕
間藤駅
〔わたらせ渓谷鐵道／ P78〕
横川駅〔JR信越本線／ P89〕
三峰口駅
〔秩父鉄道 秩父本線／ P98〕
芝山千代田駅
〔芝山鉄道／ P109〕
外川駅〔銚子電鉄／ P104〕
海芝浦駅
〔JR鶴見線 支線／ P120〕
上総亀山駅〔JR久留里線／ P113〕
久里浜駅〔JR横須賀線／ P125〕
片瀬江ノ島駅〔小田急電鉄 江ノ島線／ P118〕
武蔵五日市駅〔JR五日市線／ P102〕
奥多摩駅〔JR青梅線／ P100〕
大雄山駅〔伊豆箱根鉄道 大雄山線／ P136〕
強羅駅〔箱根登山鉄道／ P129〕
伊豆急下田駅〔伊豆急行／ P166〕
河口湖駅〔富士急行 河口湖線／ P164〕
井川駅
〔大井川鐵道 井川線／ P168〕
三河田原駅
〔豊橋鉄道 渥美線／ P170〕
武豊駅〔JR武豊線／ P172〕
金城ふ頭駅
〔名古屋臨海高速鉄道 西名古屋港線(あおなみ線)／ P182〕
美濃赤坂駅〔JR東海道本線 支線／ P177〕
河下喜駅〔三岐鉄道 北勢線／ P188〕
青森
八戸
秋田
盛岡
新庄
仙台
山形
福島
新潟
越後湯沢
長野
上田
前橋
宇都宮
水戸
富山
金沢
福井
松本
甲府
大宮
千葉
東京
横浜
岐阜
名古屋
津
静岡

掲載終着駅マップ

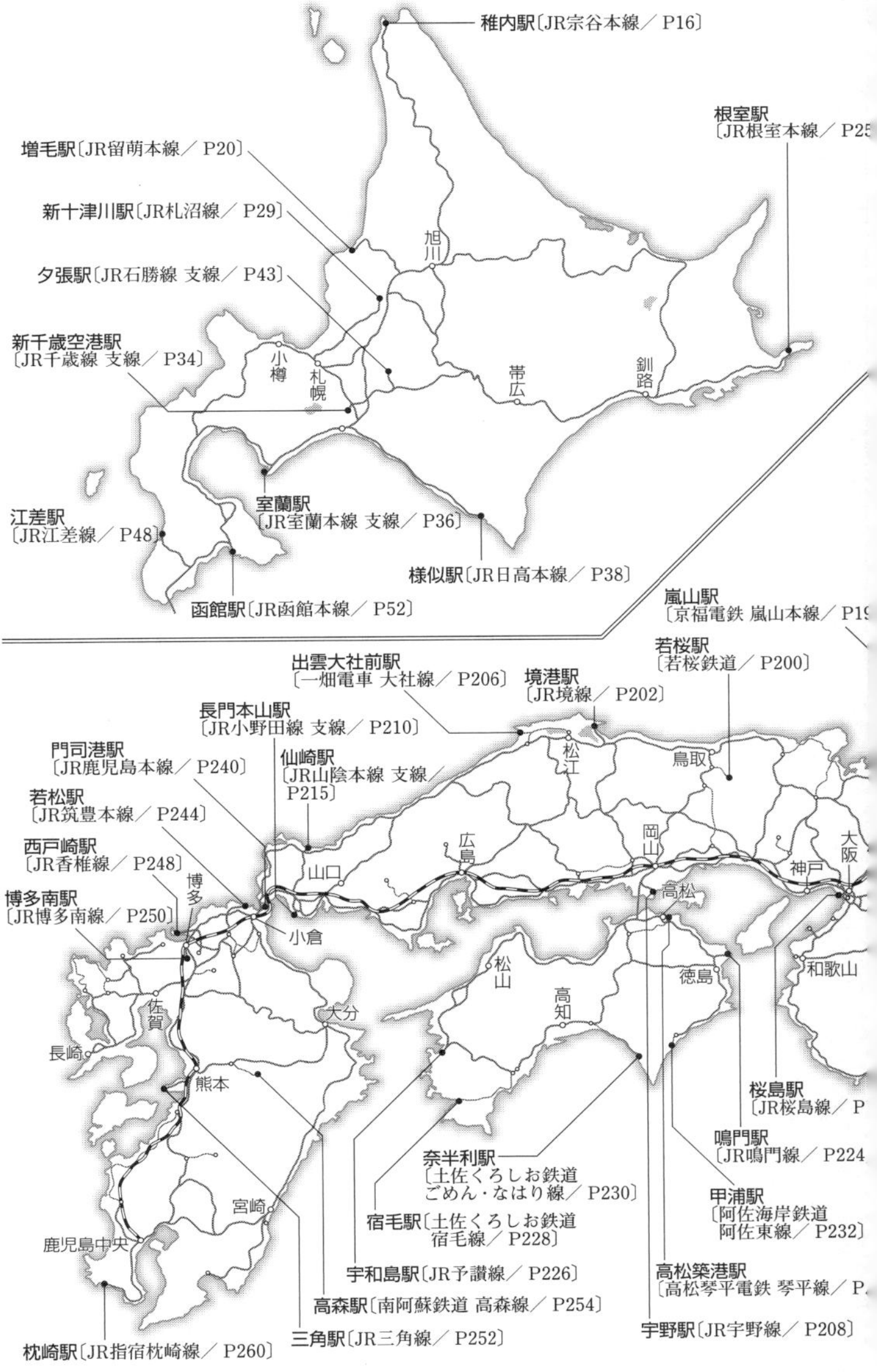
稚内駅〔JR宗谷本線／ P16〕
根室駅
〔JR根室本線／ P25
増毛駅〔JR留萌本線／ P20〕
新十津川駅〔JR札沼線／ P29〕
夕張駅〔JR石勝線 支線／ P43〕
新千歳空港駅
〔JR千歳線 支線／ P34〕
旭川
小樽
札幌
帯広
釧路
室蘭駅
〔JR室蘭本線 支線／ P36〕
江差駅
〔JR江差線／ P48〕
様似駅〔JR日高本線／ P38〕
函館駅〔JR函館本線／ P52〕
嵐山駅
〔京福電鉄 嵐山本線／ P19
若桜駅
〔若桜鉄道／ P200〕
出雲大社前駅
〔一畑電車 大社線／ P206〕
境港駅
〔JR境線／ P202〕
長門本山駅
〔JR小野田線 支線／ P210〕
門司港駅
〔JR鹿児島本線／ P240〕
仙崎駅
〔JR山陰本線 支線／
P215〕
若松駅
〔JR筑豊本線／ P244〕
西戸崎駅
〔JR香椎線／ P248〕
博多南駅
〔JR博多南線／ P250〕
松江
鳥取
広島
岡山
大阪
神戸
山口
博多
高松
小倉
松山
徳島
和歌山
佐賀
高知
大分
長崎
熊本
宮崎
鹿児島中央
桜島駅
〔JR桜島線／ P
鳴門駅
〔JR鳴門線／ P224
奈半利駅
〔土佐くろしお鉄道
ごめん・なはり線／ P230〕
甲浦駅
〔阿佐海岸鉄道
阿佐東線／ P232〕
宿毛駅〔土佐くろしお鉄道
宿毛線／ P228〕
宇和島駅〔JR予讃線／ P226〕
高松築港駅
〔高松琴平電鉄 琴平線／ P
高森駅〔南阿蘇鉄道 高森線／ P254〕
宇野駅〔JR宇野線／ P208〕
三角駅〔JR三角線／ P252〕
枕崎駅〔JR指宿枕崎線／ P260〕

編集協力／天夢人

第1章

北海道編

稚内駅【わっかない】

日本最北端の駅と線路

都市型　海浜型　廃線型

【観光度】★★★★★
【哀愁度】★★★☆☆
【到着困難度】★★★★★
【路線】ＪＲ宗谷本線
【所在地】北海道稚内市
【開業】昭和3年（1928）12月26日
【交通】旭川駅から3時間30分
【付近の名所】稚内公園、ノシャップ岬、北防波堤ドーム

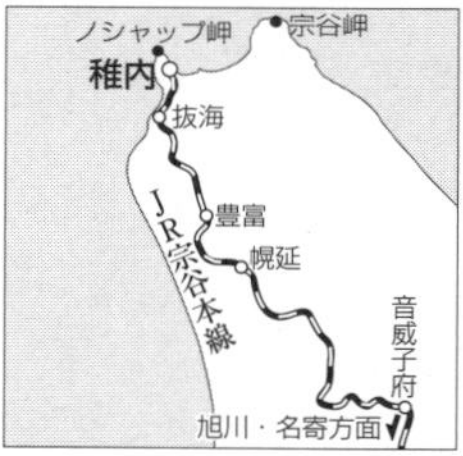

宗谷本線は、旭川駅から名寄《なよろ》、音威子府《おといねっぷ》を経て、稚内駅までを結ぶ全長259・4キロの路線。国鉄時代は天北《てんぽく》線や羽幌《はぼろ》線など、途中駅からいくつもローカル線が分岐していたが、現在はすべて廃止され、日本一長い「盲腸線」となっている。

稚内行きの普通列車は、名寄駅を出ると、日本海に注ぐ天塩川《てしおがわ》に沿って走る。河口の幌延《ほろのべ》まで、この川は常に進行左手にある。名寄～稚内間は、下りなら左側の席がおすすめである。沿線の土地は平坦だが、人家は少なく、どの駅も乗降は少ない。糠南《ぬかなん》駅は片側ホームのみの無人駅。普通列車さえも通過する場合が多く、ここに停まる列車は上下合わせて1日わずか5本しかない。

「走行中に急停車する場合がございますので、注意してください」と、まるでバスのような車内放送が流れる。このあたりはエゾシカの出没地帯。鹿を撃つハンターは近年減っており、そのせいか鹿の数は激増しているという。しばしば列車との衝突事故が起きている。

天塩川下流域は、かつては大きく蛇行していたが、治水工事で現在は比較的まっすぐ流れるようになった。流域にはその名残を示す三日月湖が点在している。

幌延駅を過ぎると、広大なサロベツ原野に出た。ハイマツやヨシの茂る原野が地平線まで続いている。豊富《とよとみ》駅付近からは、枯れ草色の原野のかなたに、利尻島の三角形の山頂部分が顔を覗かせているのが見えた。

抜海〜南稚内間では、日本海に浮かぶ利尻富士が見える

抜海《ばっかい》駅を出ると、クマザサの茂る丘陵地を行く。周囲に人家はなく、きわめて大陸的な景観だ。しばらく走ると、左手眼下に紺碧の日本海が広がった。そこに浮かぶ利尻島は、ふもと付近まで白く、まるで巨大な氷山のようである。日本の鉄道車窓で十指に入る絶景区間だ。

北緯45度24分。宗谷本線の終点稚内駅は、日本最北端の駅である。列車は1日8本しかなく、島式のホームが1本あるのみ。ホームの柱には、指宿《いぶすき》、鹿児島、東京、札幌駅などからの距離が記され、遠路はるばるやってきた実感がわく。ホームの北側の端に、「日本最北端の駅」と書かれた標柱。さらに30メートルほど先の線路の車止めには、「最北端の線路」と書かれた標識が立っていた。

観光都市らしく、駅前には土産物屋や食堂、民宿が軒を連ねる。稚内市の人口は4万人ほどだが、ずっと無人の荒野を走ってきただけに、まるで大都会に来たような印象を抱く。

　駅を出て３００メートルほど北へ歩くと、波の荒い宗谷海峡に出た。晴れた日にはここから、樺太の山並みを見ることができる。沿岸にある、昭和11年（１９３６）に完成した半ドーム形の「北防波堤ドーム」は、高さ13・6メートル、長さは４２４メートルもある、欧州の古代建築を思わせる芸術的な建造物だ。戦前まで、宗谷本線はここまで延びており、「稚内桟橋駅」というフェリー乗り継ぎ客のための仮乗降場があった。この桟橋から、かつて日本領だった樺太の大泊《おおどまり》まで、「稚泊《ちはく》航路」が就航。菊池寛《きくちかん》や宮沢賢治も、ここから樺太へ渡って旅をした。

かつて稚内桟橋駅があった
北防波堤ドーム

　この防波堤は、桟橋を往来する旅客を波から守るために造られたもので、稚内桟橋駅のホームは、このドーム内に置かれていた。今は人気もなく閑散としているが、ドームわきに機関車の車輪が記念碑のように置かれ、かつてここに駅があったことを伝えている。

　終戦を機に稚泊航路は廃止されたが、今は近くの桟橋から、利尻島や礼文島へのフェリーが出ている。

増毛駅【ましけ】
ニシン漁で栄えた漁師町

海浜型

【観光度】★★★☆☆
【哀愁度】★★★★★
【到着困難度】★★★★☆
【路線】ＪＲ留萌本線
【所在地】北海道増毛郡増毛町
【開業】大正10年（１９２１）11月5日
【交通】深川駅から1時間30分
【付近の名所】増毛館、岩尾温泉

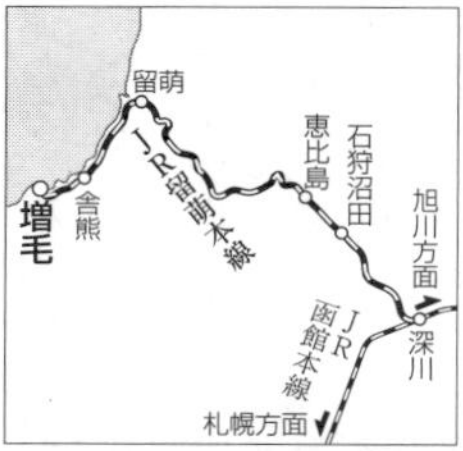

留萌《るもい》本線は、北海道の深川駅から留萌駅を経て、日本海岸の増毛駅を結ぶ、全長66・8キロの路線。「本線」の名は付いているが、実際は運行本数も利用者も少ないローカル線である。

深川発増毛行きの列車は、1両のワンマンカー。すぐに函館本線と分かれてカーブし、ほぼ90度、右に進路を変える。石狩川沿いには、碁盤目状に区画整理された町が多い。水田地帯をしばらく軽快に走り、石狩沼田駅を過ぎると、雨竜川《うりゅうがわ》上流の山並みがせまってくる。

古い木造駅舎が残る恵比島《えびしま》駅は、かつてNHK朝の連続テレビ小説『すずらん』で、「明日萌《あしもい》駅」としてロケに使われた。沿線には昔ながらの鉄道情緒が数多く残っている。

留萌《るもい》駅で約20分の停車。停車時間を利用して、待合室にあるそば屋で、名物のニシンそばを食べる。留萌はかつて空知《そらち》地方でとれた石炭の積み出し港として栄えた町。ニシン漁と石炭産業が盛んだったころは、構内を多くの貨物列車が行き交ったが、今はその面影もない。広い操車場はレールがほとんど取り払われており、広い側線《そくせん》跡には雑草が生え、ちょっとした古代遺跡のようである。ホームの跨線橋の底の部分が、煙のススで真っ黒になっており、確かにここをSLが行き来していた時代があったことを示している。

改札口で駅員に、記念のため切符に下車印を押してくれるよう頼むが、あまり使用していないのか、見当たらなかった。しかし発車間際になって、駅員が「下車印ありました」と言って、走って車内まで持ってきてくれる。その心遣いが嬉しい。

留萌駅を出発し、かつて港まで延びていた貨物線の築堤跡が右に分かれていくと、いきなり右手に日本海が現れた。このあたりの地形は海岸段丘で、線路は高台に敷かれているため、海の眺めがいい。

そこから増毛駅までは、ずっと右手に日本海を見ながら走る。次の瀬越《せごし》駅は短いホームの無人駅。海風が強いのか、駅名板がかなり錆びついている。

海岸は砂浜が多く、ときおり番屋（漁師の作業場兼宿泊施設）風の古い建物が見られる。左手に、暑寒別岳《しょかんべつだけ》（１４９１メートル）を最高峰とする、雪を被った増毛山地の山並みが見えてきた。阿分《あふん》、朱文別《しゅもんべつ》、箸別《はしべつ》の各駅は、ホームの長さが10メートルしかなく、前方のドアだけがホームにかかる。そんな小駅からも、増毛高校に通う学生らが数人乗車してくる。

暑寒別岳に源を発する小川を何度か渡る。河口近くにもかかわらず、川の水は澄んでおり、上流に人家が少ないことを示している。

前方に小さな造船工場が見え、やがてスピードが落ち、片面ホームのみの増毛駅に到着した。短いホームの先に車止めがある。古色蒼然とした木造平屋の駅舎は、大正10年（１９２１）の開業時に建てられたもの。昭和時代にタイムスリップしたような感覚となる。駅員の姿はなく、

近くの食堂「まつくら」の特上ちらし(2200円)

開業時に建てられた古い駅舎

貨車を改造した舎熊駅

駅は閑散としていた。駅のたたずまいが醸し出す終着駅ならではの哀感は、全国でも屈指である。

増毛駅で下車したのは、数人の地元客と、カメラを手にした鉄道ファンらしき青年。神奈川県から来たという青年は、「ぐるり北海道フリーきっぷ」を使い、今回が2度目の北海道。これから未乗線区をすべて乗り、JR北海道を完乗する予定という。北海道の印象を尋ねると、「本州とは風景のスケールが違いますね。そういう環境が影響しているのかもしれませんが、JRの職員がすごく親切な気がします」と話す。駅員の応対のよさについては、同感である。何か尋ねると親身になって答えてくれるし、手間を惜しまず乗客に接してくれる。先ほどの留萌駅の例もある。

増毛はアイヌ語で「マシケナイ（カモメの多いところ）」からきている。その町並みは、ニシン漁で賑わった昭和30年代のころの風情が残る。ここは映画のロケ地としても有名で、昭和56年（1981）公開の『駅 STATION』（高倉健主演）では、この増毛駅から去っていく列車がラストシーンに使われている。

駅前の「多田商店」は、その映画の中で「風待食堂」という主要ロケ地として使われた古い木造の建物。当時の姿のまま残っており、今にも中から健さんが出てきそうな気配だ。多田商店は、現在は観光案内所として使われ、店内にはロケのときのパネル写真が飾られている。

根室駅【ねむろ】

北方領土の見える町でカニを

都市型　海浜型

【観光度】★★★★☆
【哀愁度】★★★★★
【到着困難度】★★★★★
【路線】ＪＲ根室本線
【所在地】北海道根室市
【開業】大正10年（１９２１）８月５日
【交通】釧路駅から２時間20分
【付近の名所】納沙布岬

北海道を東西に横断する根室本線は、全長443・8キロの道内最長路線。滝川《たきかわ》駅から狩勝《かりかち》峠を越え、帯広、釧路を経て、根釧《こんせん》台地を横切り、日本最東端の町、根室へ達している。南千歳駅から特急「スーパーおおぞら」で3時間半、釧路駅で下車。接続する根室行きの下り列車に乗り換える。

次の東釧路駅を出るとすぐに町並みはとぎれ、白樺とナナカマドの混生林を行く。サイロの点在する牧草地が広がると、かつて標津《しべつ》線（平成元年廃線）が分岐していた厚床《あっとこ》駅へ。その先は北海道東端部の根室半島の尾根上をたどる。カラマツやトドマツなど、針葉樹の原生林が車窓を過ぎ、背の低い灌木《かんぼく》や、クマザサに覆われた丘陵地を越える。車窓はさまざまに変化するが、人気のない寂寞とした景観は変わらない。

車内には旅行者と見える30代の男性がひとり。日本人のように見えたが、日系2世のブラジル人だという。サンパウロにある日系企業で働いており、東京での研修旅行のあとしばらく休みをとり、日本中を旅行している。北海道の印象を尋ねると、

「この景色はブラジルに似ているね。木とか植物は違うけど、この広さはブラジルそっくり。本州は山と都会ばかりだったけど、ここは日本じゃないみたいだね」。切符は新幹線も自由に乗れる「ジャパン・レールパス」を持っている。

測線は多いが、ホームは１本のみ

車止めに立つ根室本線終点の標識

駅前では花咲ガニが激安価格で売られていた

「せっかくなので日本の東の果ての、納沙布《のさっぷ》岬《みさき》まで行く予定です」とのこと。

落石《おちいし》駅付近ではラクダの背を思わせる、枯れ草色の丘陵地帯を走る。このあたりは霧の発生しやすいところで、そのせいか畑はほとんどない。眼下に見える落石漁港は色彩が乏しく、どこかロシアの町を思わせる。根室本線の末端部は、日本離れした景観が続く。

終点のひとつ手前の東根室駅は、日本最東端の駅。根室本線は東根室駅の前後で大きく左へ急カーブし、初めて西へ進路をとる。

釧路駅から2時間ちょっとで、終点の根室駅へ。構内は広く、側線も多いが、ホームは片面1本のみ。町は駅の北側に開け、出口はこちら側にしかない。駅舎は平屋だが、待合室は広い。

線路はホームの先200メートルのところで途切れており、そこに「根室本線終点」と書かれた標識が立っていた。

根室は北方領土に近い「国境の町」。町の人口は3万人ちょっとで、駅前には高いビルもなく、赤・青・緑のトタン屋根の民家が軒を連ねている。決して大きな町ではないが、列車で無人の荒野を越えてここへ到着すると、オアシスに着いたかのような印象を受ける。

日本有数のカニの漁場だけあり、駅前には直売店が並ぶ。中サイズの花咲ガニが1パイ1500円で売られていた。色が真っ赤で発色がよく、持ったときにずしりと重いものがおいしいという。

根室駅前の民宿「えびすや」に投宿。夕食はマグロやハマチの刺し身、カレイの煮つけ、殻付き生ガキ、焼きサンマなど、海の幸がずらりと並び、それに加えて花咲ガニが1パイ丸ごと出た。

「その日に根室港に揚がったものを料理するので、メニューは日替わりです。お客さんが喜んでくれるので、カニはなるべく丸ごと出すようにしています」とご主人。花咲ガニの旬は4~11月。ただし近年は水揚げが少なくなっていて、丸ごとでは出せないときもあるとか。

かなり空腹であったが、食後はしばらく動けなくなるほど満腹になった。これで1泊2食付き6300円は格安である。

新十津川駅【しんとつかわ】
1日3往復の超閑散区間

【観光度】★☆☆☆☆
【哀愁度】★★★★☆
【到着困難度】★★★☆☆
【路線】ＪＲ札沼線（学園都市線）
【所在地】北海道樺戸郡新十津川町
【開業】昭和6年（１９３１）10月10日
【交通】札幌駅から2時間30分
【付近の名所】石狩川

山麓型　廃線型

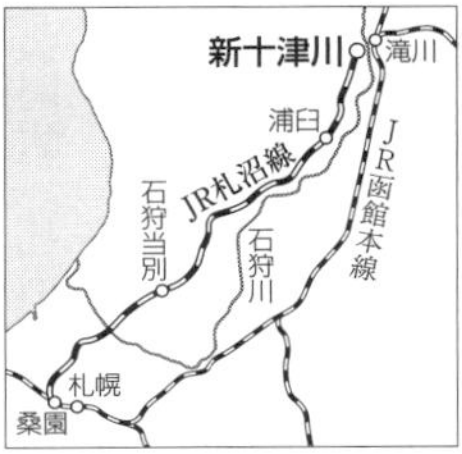

札沼《さっしょう》線の起点は、札幌駅の隣の桑園《そうえん》駅。札沼線はここから石狩平野を北上し、新十津川駅へ至るローカル線。かつては留萌本線の石狩沼田駅まで線路が延びており、それが線名の由来である。昭和47年（1972）に、石狩沼田〜新十津川間の約35キロが廃止。途中駅だった新十津川駅が、以来終着駅となった。

札幌駅から石狩当別《いしかりとうべつ》行きの3両編成で出発。5駅目の太平駅までは高架区間で、札幌の町並みと、白くそびえる手稲山《ていねやま》を見ながら走る。しばらくは画一的な大都市近郊駅が続くが、あいの里公園駅の先で石狩川を渡ると、ようやくローカル線らしい雰囲気になった。

石狩当別駅で新十津川行きに乗り換え。今度は1両のみの運行。起点側の札幌付近は、都市部のため列車本数も多いが、札幌から遠ざかるにつれ本数は減っていき、車両編成も短くなる。終着駅の新十津川駅まで走るのは、朝・昼・晩の1日わずか3本のみである。

進むにつれ乗客は減り、石狩月形《いしかりつきがた》駅を出ると4人になった。5月も下旬というのに、右手にそびえるピンネシリ山や浦臼山《うらうすやま》は、まだ中腹まで冠雪している。まるで安曇野《あずみの》から見る北アルプスを彷彿させる景観だ。ふもとの山の色が、まるで紅葉したように赤く色づいている。

「今はコブシなどの新芽が出て、いちばん山が色づく時期です。ここには春の紅葉と、秋の紅葉があるんです」と、この先の浦臼に住んでいるというおばあちゃんが教えてくれる。浦臼から札

札沼線は「学園都市線」の愛称で親しまれている

冬は1〜2メートルの積雪がある

幌へ行くには、バスで10分の奈井江《ないえ》駅（函館本線）に出るのが速いが、バスは本数が少なく、そのためしばしば札沼線を利用するとのこと。

終点の新十津川駅は、小さな木造駅舎とホーム１本だけの素朴な無人駅。改札口に、「ようこそ新十津川へ」と書かれた看板がかかる。駅周辺の民家はまばらで、近くに商店などはない。車の通りもほとんどなく、駅前はひっそりとしている。

新十津川という地名の由来は、明治22年（１８８９）、水害に見舞われた奈良県十津川郷の６００戸余りが、ここに集団移住したことによる。

先ほど着いたディーゼルカーは、20分ほどで、上り列車となって折り返していった。次の上りの出発は6時間後の夕方までない。全国でも有数の閑散区間だ。

この駅から函館本線の滝川駅までは、4キロの距離（直線距離で2・5キロ）なので、歩いて行くことにした。旭川方面へ行くならその方が便利だし、札幌方面に戻るとしても、滝川駅から特急に乗れば、先ほど出た列車より早く札幌駅に着ける。北海道乗りつぶし旅の常套《じょうとう》手段である。

国道275号を北へ向かって歩き出すと、滝川駅前の繁華街に立つビル群が、意外に近くに見える。歩き始めて10分ほどで、徳富川《とっぷがわ》に架かる新十津川橋に出た。道路橋のすぐ西に、古いガーダー橋（桁橋《けたばし》：横にかけた桁によって橋面を支えるもの）が架かっているのを発見。紛れもなく、かつて石狩沼田駅までつながっていた、札沼線の廃線跡である。鉄橋の上のレールは撤去されているが、そのかわりに太い水道管が通っていた。

さらに15分歩き、石狩川を渡る。川幅は広く、大雪山系の雪解け水を集め水量は多い。橋の上から、西に暑寒別岳《しょかんべつだけ》、東に芦別岳《あしべつだけ》が遠望でき、見晴らしがいい。新十津川駅も滝川駅も同じJR北海道なので、線路を延ばして両駅を結んでしまえばいいように思えるが、この川の広さを見ると、それが容易でないことがわかる。

列車の運行は１日３本

新千歳空港駅【しんちとせくうこう】

原野に現れた空港と〝町〟

都市型

【観光度】★★★☆☆
【哀愁度】★☆☆☆☆
【到着困難度】★☆☆☆☆
【路線】ＪＲ千歳線　支線
【所在地】北海道千歳市
【開業】平成４年（１９９２）７月１日
【交通】札幌駅から36分
【付近の名所】空港ビル展望デッキ

南千歳駅の３・４番線ホームの苫小牧《とまこまい》寄りには、石勝線《せきしょうせん》の起点を示す、北海道をかたどった記念碑が立っている。南千歳駅は旧千歳空港への連絡駅として、昭和55年（１９８０）に「千歳空港駅」として開業。その翌年に石勝線が開通し、帯広方面への起点駅になる。その後、平成４年（１９

駅は空港ビルと直結している

展望デッキからは飛行機の離着陸がよく見える

92）の空港移転にともない、現駅名の南千歳に改称された。歴史は浅いが、数奇な運命をたどった駅である。改札口を出ると、旧空港ビルへの連絡通路が、閉鎖されたまま残っていた。新千歳空港駅は、JR千歳線の南千歳駅から分岐する、2・6キロの支線の終点。千歳空港移設にともない、あらたな空港アクセス駅として開業した。

南千歳駅を出た快速「エアポート」は、飛行機の待機所や格納庫を見ながら本線と分かれる。列車はやがて地下に入って徐行運転となり、新千歳空港駅に着く。青函トンネルの海底駅を除けば、ここはJR北海道で唯一の地下駅。発着する列車のほとんどは「快速エアポート」で、日中の運転間隔は15分に1本と多い。札幌、小樽、旭川への直通運転もある。1日の平均乗車人員は1万1000人前後で、JR北海道では札幌駅、手稲《ていね》駅、新札幌駅、琴似《ことに》駅に次いで第5位である。

下車した客は大荷物を抱えた旅行客が大半を占める。駅は空港ターミナルビルと直結しており、改札口を出てエスカレーターを上がれば、そのまま出発ロビーに出られる。この空港ビルは、JR北海道とデンマーク国鉄が共同で設計した斬新な造りで、各種飲食店や土産物店のほか、銀行、郵便局、ホテル、診療所などが入り、まるでひとつの町のようだ。

新千歳空港は国際空港であり、韓国、中国、グアムなどへも就航している。終着駅というよりは、北海道の空の玄関口であり、海外への出発駅でもある。

室蘭駅【むろらん】

石炭の積み出し港として繁栄を誇った

都市型　海浜型　廃線型

【観光度】★★★★☆
【哀愁度】★★★☆☆
【到着困難度】★★★☆☆
【路線】ＪＲ室蘭本線　支線
【所在地】北海道室蘭市
【開業】明治30年（１８９７）７月１日
【交通】東室蘭駅から13分
【付近の名所】旧室蘭駅、地球岬

札幌駅を出た特急「すずらん」は、千歳線を南下して、苫小牧駅から先は太平洋岸沿いを走る。東室蘭駅を過ぎ、内浦湾《うちうらわん》に突き出た室蘭半島に入って工場地帯をしばらく走ると、室蘭本線の終点、室蘭駅に到着。円柱形のデザインの斬新な駅舎だが、駅の開業は明治30年（１８９７）と古い。ただし開業時の室蘭駅は、ここから６００メートルほど西のフェリーターミナル付近にあっ

平成9年（1997）竣工の室蘭駅

登録有形文化財の旧室蘭駅

た。平成９年（１９９７）に、現在の場所に移転されている。

室蘭本線は、明治時代に空知や石狩地方でとれた石炭を、室蘭港へ運ぶために敷かれた路線。当時炭田の中心地であった起点の岩見沢駅から、札幌には目もくれず、まっすぐ室蘭を目指しているのはそのためだ。当時は長大な貨物列車が頻繁に行き来し、室蘭港は北海道随一の石炭の積み出し港として賑わった。石炭産業の衰退により、駅が町の中心地に移転される経緯は、どこか夕張駅と似ている。

明治45年（１９１２）に建てられた旧室蘭駅舎は、駅の移転後は室蘭市に譲渡され、観光案内所や多目的ホールとして、現在も利用されている。木造２階建ての重厚な造りで、現役ではないものの、北海道の駅舎では最古の歴史を持つ。この旧駅舎は、明治時代の洋風建築を伝える建造物として、国の有形文化財に指定されている。

様似駅【さまに】

海沿いを走る長大盲腸線の終点

【観光度】★★★★☆
【哀愁度】★★★★☆
【到着困難度】★★★★★
【路線】ＪＲ日高本線
【所在地】北海道様似郡様似町
【開業】昭和12年（１９３７）８月10日
【交通】苫小牧駅から３時間30分
【付近の名所】襟裳岬、アポイ岳

海浜型　末成線型

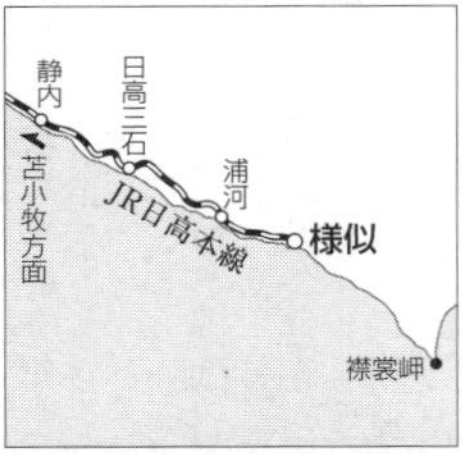

様似行きの単行（1両編成）ディーゼルカーに乗り、苫小牧駅を出発。次の勇払《ゆうふつ》駅を出ると、右手に太平洋がちらりと見えた。鵡川《むかわ》駅から先は海岸沿いをたどる。厚賀《あつが》〜大狩部《おおかりべ》間は、波が線路際まで打ち寄せる絶景区間で、窓を開けると波しぶきが飛んでくるほどだ。反対車窓に目を移すと、日高山脈の山並みが連なる。海と山の両方の景観を楽しめるのが、日高本線の醍醐味である。ときにサラブレッドが草を食《は》む牧場が、車窓を過ぎていく。

向かいのボックス席のおばあちゃんは、定山渓《じょうざんけい》への温泉旅行の帰りという。息子さんが浦河《うらかわ》町で牧場を経営しており、8頭の競走馬を飼っている。馬の値段は、バブル期は1頭2000万円以上で売れたが、近年は競走馬のオーナーが減っているため価格が下がり、以前の半値以下になった。そのため、最近は牧場をつぶして畑にする人が多い——といった話を聞く。大正末期生まれというおばあちゃんに、昔の日高本線のことを尋ねてみた。

「私ら子どものころは（日高）三石《みついし》までしか開通してなくて、汽車に乗るときは家から2時間以上歩いたものです。昔はそれが当然と思っていたから、不便は感じなかったですよ。馬を持っている人は、冬はソリで、夏は馬車での移動が多かったです。私もよく乗せてもらいました」

三石町はかつて林業が盛んで、苫小牧の王子製紙まで、原木を積んだ貨物列車が走っていた。日高本線が日高三石駅まで開通したのは昭和8年（1933）。その後、浦河、様似と徐々に鉄路を延ばしていった。一時的に終着駅となった駅には、SLの向きを変えるための転車台が置かれていたという。

列車はときおり、番屋風の建物が点在する広い砂浜を走る。小魚や昆布を干す人、網の手入れをする人など、素朴な漁村の風景が展開する。日高といえば、昆布が名産である。

どこか庭園風のホーム

「昆布漁は7月から10月が最盛期なので、写真を撮るならそのとき来るといいよ」と、地元の人が教えてくれる。昆布がとれるのは、水深1~2メートルの浅瀬で、海底が砂でなく岩場の箇所。波の荒いところでは、昆布は育たない。最盛期に、多くの船が昆布を満載にして浜へ戻る光景は圧巻だという。

「早朝に昆布をとって浜辺で干し、お昼に1回だけひっくり返して、夕方前に回収します。1日で一気に乾燥させないといい昆布にならないので、晴れの日にしか昆布漁はしません」

そのため天候の予測は不可欠で、長年の経験を受け継いだ漁師の予報は、ラジオの天気予報よりも当たるという。

浦河駅で乗客の大半が下車し、東町《ひがしちょう》駅で数人が席を立つと、

ときに砂浜の海岸沿いを走る

乗客は私ひとりになった。しばらく遠ざかっていた海が、東町駅からふたたび線路際までせまる。窓を開けると、ディーゼルカーの走行音に混じって、波の砕ける音が聞こえてくる。

前方に端正な山容のアポイ岳が見えると、苫小牧から約3時間半、全長146・5キロの日高本線の終点、様似駅に着いた。

様似は小さな漁師町で、襟裳《えりも》岬まで約30キロの位置にある。町名はアイヌ語の「サンマウニ」(朽ち木のあるところ)から転訛《てんか》したもの。

短いホームがひとつだけの簡素な無人駅で、線路は襟裳岬の方に向け、ホームから100メートル先の車止めで途切れていた。かつてはここからさらに線路を延ばし、襟裳岬を経て、旧国鉄広尾《ひろお》線の広尾駅に達する計画があった。しかし広尾線は国鉄末期に廃止。鉄路がここから先に延びることはないだろう。

国鉄時代は急行「えりも」が、札幌駅からここまで直通運転をしていたが、現在、様似駅にやってくるのは普通列車のみ。がらんとした通りが1本、駅前から海の方に延びていた。

線路の車止めの先には、なだらかな裾野を引いたアポイ岳の姿がある。この山の標高は約800メートルに過ぎないが、海から発生する濃い霧のため日光が遮られ、夏でも気温が低く、標高2000メートル級の植生が見られる。世界有数の高山植物の宝庫である。

夕張駅【ゆうばり】
石炭産業の繁栄と凋落を伝える

山麓型　廃線型

【観光度】★★★★☆
【哀愁度】★★★★☆
【到着困難度】★★★★☆
【路線】ＪＲ石勝線　支線
【所在地】北海道夕張市
【開業】明治25年（１８９２）11月１日
【交通】新夕張駅から25分
【付近の名所】石炭の歴史村、幸福の黄色いハンカチ想い出ひろば

札幌駅から特急「とかち」で約1時間、石勝線の新夕張駅に到着した。かつて石勝線が「夕張線」と名乗っていた時代、この駅は「紅葉山《もみじやま》」というのどかな駅名であった。昭和56年（1981）、石狩と十勝を結ぶ石勝線の開通を機に、新夕張と改称し、駅も西側の一段高いところに移された。新夕張駅の駅前広場には、今も「紅葉山」の駅名板がぽつんと残されている。

夕張行きのディーゼルカーに乗り換え、新夕張駅を出発。途中の沼ノ沢駅、清水沢駅などは、広い側線跡が残り、石炭輸送が旺盛だった時代が偲ばれる。旧夕張線の前身である北海道炭礦《たんこう》鉄道は、夕張炭鉱で採掘された石炭を、室蘭港に運ぶために敷かれた路線。石勝線より90年も早く開業した大先輩であるが、今やこちらが石勝線の支線扱いになってしまった。

清水沢駅の先で、レンガ造りの古いトンネルをくぐる。トンネルポータル（入り口）の上部が黒くなっているのは、SL時代の名残だろうか。かつては複線だったらしく、隣にもうひとつ、線路のないトンネルが口を開けていた。

新夕張駅から25分、標高708メートルの冷水山《れいすいざん》と、その山腹につくられたマウントレースイスキー場が見えると、片面ホーム1本のみの真新しい夕張駅に到着した。すぐわきにスキー場と隣接する6階建ての「マウントレースイホテル」が、小さな駅舎を見下ろすように立っている。駅はホテル前の駐車場を間借りしたような位置にあり、どこか肩身が狭い感じだ。夕張駅は開業

100年を超える古参駅だが、その威厳はどこにもない。札幌から来たという修学旅行の中学生で、駅前は賑わっていた。

夕張駅は、これまで2度も移転している。1度目は昭和60年（1985）、相次ぐ炭鉱閉鎖にともない、より便利な市役所の裏手に。2度目は平成2年（1990）、スキー場のあるレースイリゾートへの観光客誘致のため、町の中心部を800メートルほど通り越して現在地へ移転。石勝線の夕張支線は、そのため計2・1キロ短くなった。市の中心駅が2度も移転するケースは全国的に見ても珍しい。駅前のバス停は「レースイリゾート前」で、「夕張駅」の文字はどこにもなかった。

現在の駅より約2キロ北にある、初代の夕張駅跡を訪ねてみた。夕張の中心街へ続く、20パーミル（1キロで20メートルの高低差）前後の登り坂をたどる。旧夕張線時代は、ここが同線の最急勾配区間であった。

商店や民家の軒先などいたるところに、レトロな手描きの映画看板が掲げられていた。夕張は映画の町でもある。昭和時代の日本映画のロケ地が町の周辺に数多くあり、また当地で国際映画祭が何度も催されている。

初代夕張駅の跡は、「石炭の歴史村」の敷地内にあり、ホームや駅名板が当時のまま残されていた。「石炭の歴史村」は採掘跡地を利用したテーマパーク。メイン施設の石炭博物館では、地下1

000メートルにあった採炭現場が再現され、天然記念物の「石炭の大露頭」の展示などがある。

駅跡は物音もなくひっそりとしていた。旧ホームの正面の広い敷地には、かつては10本以上の側線が敷かれていたが、線路はすべて撤去されていた。蒸気機関車や石炭を積んだ貨車が行き来した、往時の光景を思い浮かべるのは難しい。

「炭鉱からやってくる貨車は石炭が満載で、よく石炭がバラバラ落ちてきました。子どものころ、それをストーブにくべて、家の暖房に使った覚えがあります」

と付近の住人が教えてくれる。駅近くにはボタ山があり、一帯はかつて炭鉱住宅が密集し、商店街もあって賑やかだった。しかし現在は過疎化が進み、周辺の人家は空き家が多いという。昭和30年代半ば、最盛期の夕張市の人口は11万を超えたが、現在はその10分の1までに減っている。

「駅が坂の下へ移転して不便になりました。駅までバスの便もありますが、本数も少なく、手間もかかります」

夕張駅の移転は、「炭鉱都市から観光都市へ」という町の変遷を象徴している。中心街を通り越してまで、観光施設への利便性を優先した決断には、大きな葛藤があったと思われる（初代夕張駅跡のホームや駅舎は、取材後の平成20年に、道路新設のため解体された。現在は駅の遺構は全く残っていない）。

2度も移転された夕張駅

「幸福の黄色いハンカチ想い出ひろば」は人気の観光スポット

江差駅【えさし】

北前船の往来で繁栄した港町

海浜型

【観光度】★★★★☆
【哀愁度】★★★☆☆
【到着困難度】★★★★☆
【路線】ＪＲ江差線
【所在地】北海道檜山郡江差町
【開業】昭和11年（１９３６）11月10日
【交通】函館駅から2時間30分
【付近の名所】江差追分会館、横山家（ニシン御殿）

ホームのすぐ先にある車止め

函館駅を出発した江差線のディーゼルカーは、しばらくすると函館湾の海岸沿いを走る。沿線の民家は瓦屋根ではなく、赤・青・緑と色彩豊かなトタン葺き。このカラフルな屋根を見ると、北海道に来た実感がわく。木古内《きこない》駅を出ると、複線電化の海峡線と分かれ、江差線は一気にローカル線の風情となった。

JR北海道の江差線は、函館駅の次の五稜郭《ごりょうかく》駅を起点とし、日本海側の江差駅へ至る路線。前半部の五稜郭～木古内間は、昭和63年（1988）に、青函トンネルの開通にともない複線電化され、本州からの特急が走る大動脈に変貌した。しかし後半部の木古内～江差間は、今も非電化のままで、1両のみのディーゼルカーが行き来する鄙《ひな》びた路線である。

木古内駅を出るとすぐに集落は途切れ、白樺の林やクマザサに覆われた丘陵地を走る。ここからは海から離れ、松前半島の峠越え区間となる。沿線に人家はほとんどない。

このあたりの植生は本州の2000メートル級の山に等しく、カラマツやダケカンバなど、高山性の落葉樹が見られる。植生を見るかぎり、日本アルプスの中腹を走っているようだ。窓を開けると、生命力に満ちた新緑の香りが車内に流れ込む。訪ねたのは5月下旬だが、線路わきにはところどころに残雪が見られた。

隣のボックス席でビールを飲んでいた50年配の男性が、「ご旅行ですか」と話しかける。男性は長万部《おしゃまんべ》の南の八雲《やくも》町の在住で、道南のフリーきっぷを使っての日帰り旅行という。

「天気がいいのでふらっと出てきたんだけど、行先はまだ決めてなくてね。湯ノ岱《ゆのたい》で温泉でも入ろうかな」。夕方に函館で、家族と待ち合わせをしており、それまでに戻ればいいという。

「初めて江差線に乗ったのは高校生のときでね、奥尻《おくしり》島に行った帰りでした。夜になると、このあたりは明かりがほとんどなくて、外は真っ暗なんです。この線はカーブが多くて、よく車輪がきしむでしょう。昔の車両は特にそうでした。そのきしみの音が、当時はどうにも寂しく聞こえてね、今でもよく覚えています」

昔の江差線の話を聞いているうち、車窓左手に日本海が広がり、やがて終点の江差駅に着いた。片面ホーム1本のみで、側線もない。線路は少し先で砂利に埋まっていた。列車の運行は1日

回船問屋の古い建物が保存されている

６本のみで、駅は閑散としている。駅は町のやや高台にあり、駅前通りの先に日本海が見えた。駅名板の外枠が錆びついているのは、潮風のせいだろうか。いかにも海沿いの駅らしい。

駅舎は昭和50年（１９７５）に改築されたもので、古さは感じられない。駅員もいて、みどりの窓口もある。江差は檜山《ひやま》振興局（旧檜山支庁）の所在地で、駅前はひっそりとしているが、駅の北にある中心街は、北海道の中小都市並みの賑わいがある。

江差は17世紀以降、日本海航路の北前船《きたまえぶね》が往来し、檜《ひのき》材とニシン漁で栄えた町。かつては「江差の五月は江戸にもない」と言われるほどの繁栄を見せた。「いにしえ街道」と呼ばれる町のメインストリートでは、江戸時代に建てられた回船問屋や、蔵や商家などの史跡が保存され、ニシン漁全盛期の様子を今に伝える。

函館駅【はこだて】

北海道鉄道の起点駅

【観光度】★★★★★
【哀愁度】★★★☆☆
【到着困難度】★★☆☆☆
【路線】ＪＲ函館本線
【所在地】北海道函館市
【開業】明治35年（１９０２）12月10日
【交通】青森駅から２時間
【付近の名所】函館山、五稜郭

都市型　海浜型

平成15年（2003）にリニューアルした函館駅

安政6年（１８５９）の開港以来、世界各国との貿易により繁栄してきた函館。教会や修道院など、異国情緒豊かな建物が、町のいたるところに見られる。

町の中心駅である函館駅は、札幌を経て旭川へ至る函館本線の起点であり、そして終着駅でもある。港に面した駅は、頭端式《とうたんしき》（櫛形）の長いホームがいくつも並び、欧州のターミナルを思わ

ターミナルならではの頭端式ホーム

せる造りだ。青函《せいかん》連絡船が就航していたころは、ホームから桟橋まで連絡通路が延びており、本州と北海道を行き来する旅人で賑わった。私もよく、上野発の急行「八甲田」から青函連絡船に乗り継ぎ、函館発の特急列車の座席を確保するため、この連絡通路を走った覚えがある。昭和63年（1988）に連絡船が廃止されるまで、それは北海道の玄関駅を象徴する光景であった。

戦時中に竣工した4代目の駅舎は、平成15年（2003）に建て替えられ、現在の駅舎は5代目となる。以前とくらべ駅前の雑踏感はなくなり整然となったが、近隣の朝市の風景や、市電の行き交う通りは昔のままだ。

駅を出ると右手に、標高333メートルの函館山が、町を見下ろすようにそびえている。展望台

平成15年まで使われた4代目の函館駅舎

のある山頂からの眺めは絶景で、特に夜景は素晴らしく、神戸、長崎とともに日本三大夜景のひとつに数えられる。町の三方を囲む海が、市街地の明かりを一層引き立てるのだろう。

第2章

東北編

津軽中里駅【つがるなかさと】

〝郷愁鉄道〟の末端駅

山麓型

【観光度】★★★☆☆
【哀愁度】★★★★☆
【到着困難度】★★★★★
【路線】津軽鉄道
【所在地】青森県北津軽郡中泊町
【開業】昭和5年（1930）11月13日
【交通】津軽五所川原駅から40分
【付近の名所】十三湖

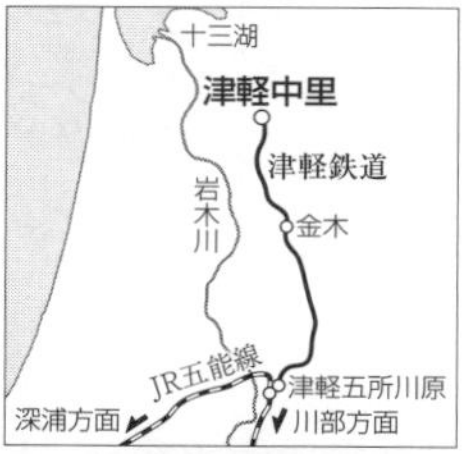

JR五能線《ごのうせん》の五所川原《ごしょがわら》駅で下車し、隣接する津軽鉄道・津軽五所川原駅に移動すると、にわかに鄙びた風情となる。黒ずんだ古い貨車、ホームを覆う木造の屋根。JR線と津軽鉄道を結ぶ五所川原駅の跨線橋は、平成と昭和をつなぐタイムトンネルのようである。

本州の北端、津軽半島の中央部を走る津軽鉄道は、全長20・7キロのローカル線。もともとは森林鉄道として開業し、かつては青森ヒバなどの木材輸送が盛んであった。

ディーゼルカー「走れメロス」で、津軽五所川原駅を出発。すぐに右手を、腕木式信号機が過ぎていく。津軽鉄道で2基だけ残るうちのひとつで（もう一基は金木《かなぎ》駅構内）、なんと現役で使われている。市街地を抜け広い水田地帯に出ると、南側にうっすらと、津軽のシンボル岩木山《いわきさん》（1625メートル）が見えてきた。右の稜線は起伏が多いが、左の稜線は頂から山麓まで直線的で、そのアンバランスさがいい。8合目から上は冠雪している。

まるで書家の作品のような駅名板

運転台のわきに立ち、前面車窓をカメラに収めていると、「お客さんは晴れ男ですね。ここ数日は雨が続いていたんですよ」と、運転士が話しかける。都会の電車と違い、ローカル線は乗客と運転士との距離が近い。「写真撮るなら、運転士に言ってそのへんで停めてもらいなさいよ」と、近くの席の、顔なじみらしいおばさんが言う。話しかけられる言葉は聞き取れるが、地元同士の会話になると難解な津軽弁となり、半分も理解できない。異国にいるような気分になるが、これも津軽の旅の醍醐味である。

途中駅で唯一の有人駅、金木駅に到着。ここで上下列車が行き違い、駅員と運転士によりタブレット（列車の安全確保のための通行票）が交換される。腕木式信号機、硬券切符、そしてタブレット交換。古きよき鉄道情緒を、これほど多く残している路線は数少ない。車掌が発行する車内補充券（切符）には、ハサミでパンチが入れられる。津軽鉄道はその存在自体が、鉄道文化遺産の域に達しつつある。

金木は太宰治の出生地として知られる観光地で、食堂や土産物屋を併設した立派な駅舎が立つ。太宰の生家である「斜陽館《しゃようかん》」へは、駅から徒歩8分ほど。十数人の観光客が下車すると、車内はガラガラになった。金木の先は、大沢内《おおざわない》、深郷田《ふこうだ》と、片面ホームだけの無人駅に停車していくが、乗客の乗り降りはない。ときおりトドマツの防雪林が現れ、遮断機のない踏切が過ぎていく。

津軽五所川原駅から40分ほどで、終点の津軽中里駅に到着。駅名板は極太の筆で書いたような芸術的なタッチで、味わいがある。

ホームの構造は1面1線。冬季はディーゼル機関車が引くストーブ列車が当駅まで運行される

ストーブ列車は津軽の冬の風物詩

ので、機関車付け替えのための側線がある。ホームから50メートル先の掘割り区間に、線路の末端部があり、その先は盛土の上に民家が連なっていた。かつては機関庫や転車台、給水塔が置かれていたが、現在は撤去され、構内は広々としている。津軽中里駅は昭和初期の開業当初、青森ヒバの集積地として栄えたが、現在その面影は全くない。

列車から共に下車したのは、仙台から来たという、カメラを下げた50年配の男性。

「津軽鉄道の風景が好きで、よく写真を撮りに来ます」と話す。津軽鉄道の列車内や待合室では「津鉄文庫」コーナーが設けられ、乗客は自由に本を借りられる。男性は津軽鉄道に愛着があり、これまで何冊も、「津鉄文庫」に本を贈っているとのこと。

「本当は岩木山をバックにストーブ列車を撮りたかったのですが、あの山はなかなかすっきり晴れませんね。それに岩木山は、五所川原の南にありますでしょう。天気が悪いと山は見えないし、天気がいいと逆光になる。なかなか難しいです」

男性はもう何度も、津軽鉄道を訪れている。このような熱烈なファンが多いのも、津軽鉄道の特徴だ。彼らのようなリピーターが、この地方鉄道を支えているのだと思う。

ほかに下車したのは、地元のおばあちゃんひとりだけ。津軽鉄道の経営状況が心配であったが、折り返しとなる上り列車に、金木高校へ通う学生が20人ほど乗車し、少し安心する。

「ようこそふるさとへ　本州最北の民鉄」と書かれた改札口を抜け、駅前に出る。駅は「スーパーストア」が併設されており、駅舎の外観はまるでスーパーそのものだ。ただし店は平成20年（2008）に営業を休止し、以来テナントは入っていないという。

「今まで2店舗が入ったんですが、長くは続かなかったですね」と、地元の方が教えてくれる。

駅前に、小泊《こどまり》や五所川原へ向かうバスの停留所がある。すぐ前の道路は津軽半島の北端、竜飛《たっぴ》崎《ざき》へと続いているが、しかしここから竜飛崎へ向かうバスはない。人や車の通行も少なく、駅前は閑散としている。

金木の賑わいを見たあとだけに、津軽中里の駅前はあまりに寂しい。しかしそれもまた、郷愁路線の終着駅らしくていい。動く鉄道博物館のような津軽鉄道には、こんな終着駅が似合うのかもしれない。

春は桜のトンネルになる芦野公園駅

三厩駅【みんまや】
本州最果てのみちのく駅

海浜型

【観光度】★★★☆☆
【哀愁度】★★★★★
【到着困難度】★★★★☆
【路線】ＪＲ津軽線
【所在地】青森県東津軽郡外ヶ浜町
【開業】昭和33年（１９５８）10月21日
【交通】青森駅から1時間30分
【付近の名所】竜飛崎

青森駅を出発した津軽線のディーゼルカーは、次の油川《あぶらかわ》駅の先から青森湾沿いを走る。波のおだやかな海の向こうに、恐山など下北半島の山並みが見えてきた。

津軽線は北海道への列車が往来する大動脈であるが、海峡線が分岐する中小国《なかおぐに》駅から先は非電

短い島式ホーム１面のみの無人駅

化単線となり、列車本数も減って、一気にローカル線の風情となる。

中小国駅を出てヒバの樹林帯を抜けると、右車窓に紺碧の海が広がった。こちらは青森湾にくらべ波の荒い津軽海峡で、その対岸に北海道の松前半島の山並みがくっきりと見える。

終点の三厩駅は、津軽半島の先端に位置する外ヶ浜町にある。簡素な島式ホームのわきに大きなトドマツの木が立ち、駅の周囲は赤・青・緑のカラフルなトタン屋根の民家が点在する。まるで北海道のローカル駅を思わせる、寂寞《せきばく》とした風景だ。

木造駅舎の外壁には「津軽半島最北端の駅」と記され、待合室の壁には、太宰治の紀行小説『津軽』から引用した、「ここは本州の極地である　この部落を過ぎて路はない　あとは海にころげ落ちるばかり……」という一節が綴《つづ》られていた。

閑散とした駅前に、「竜飛崎14km」の道路標識。下車した乗客は、観光客と地元客が半々といったところで、その多くは駅前に停まっていた竜飛崎行きの村営バスに乗り込んだ。バスで30分ほどの竜飛崎の近くには、青函トンネルの記念館がある。

駅の周囲は民家もまばらで、静寂に包まれている。いかにも北のローカル線の終着駅らしい、最果て情緒に満ちた駅だ。駅前にぽつんと1軒、「みちのく」という名の食堂が店を構えていた。ここは本州の果て、まさに「陸の奥《みちのく》」の地である。

左沢駅【あてらざわ】
最上川舟運で栄えた城下町

山麓型　未成線型

【観光度】★★★☆☆
【哀愁度】★★★☆☆
【到着困難度】★★★☆☆
【路線】ＪＲ左沢線（フルーツライン左沢線）
【所在地】山形県西村山郡大江町
【開業】大正11年（１９２２）４月23日
【交通】山形駅から40分
【付近の名所】舟唄温泉、大山自然公園

ユニークな駅名板が迎えてくれる

奥羽本線の北山形駅から分かれる左沢線は、山形盆地の西を走る、全長24・3キロのローカル線。沿線はリンゴやサクランボなど果物の産地で、「フルーツライン左沢線」の愛称で親しまれている。さまざまな果物をあしらった駅名板が、各駅のホームに見られる。

起点は北山形駅だが、列車はすべて山形駅から発車する。フルーツをイメージした、カラフルな塗装のディーゼルカーで出発。なだらかな稜線の月山《がっさん》と、果樹園が点在するのどかな農村風景が車窓を過ぎる。

広い河原をゆったりと流れる最上川《もがみがわ》が左から寄り添うと、やがて終点の左沢駅に到着。片面ホーム１本のみで、名産のラ・フランス（洋梨）の形をした駅名板がホームに立つ。

日中は２～３時間に１本の運行

駅舎は平成14年（２００２）の改築。とんがり屋根は左沢にある楯山城《たてやまじょう》をイメージしたもので、大江町の交流ステーションを併設する。物産コーナーや展示ホールがあり、秋祭りで使われる囃子《はやし》屋台や獅子舞《ししまい》が展示されていた。

左沢は難読駅名である。地名の由来は、かつて寒河江《さがえ》の領主だった大江氏が、近くの長岡山から西の方を見たとき、平野山の左手に見える山谷を「あちらの沢」と呼んだのが、訛《なま》って「あてら沢」となり、「左」の漢字が当てられたものだという説がある。

左沢駅のある大江町は、朝日連峰と最上川に抱かれた山間の町。江戸時代から、最上川舟運の中継地として栄えたところで、当時の繁栄を偲ばせる商家の町並みが、今も残っている。

荒砥駅【あらと】

明治時代のトラス橋が現存

山麓型 未成線型

【観光度】★★★☆☆
【哀愁度】★★★★☆
【到着困難度】★★★★☆
【路線】山形鉄道 フラワー長井線
【所在地】山形県西置賜郡白鷹町
【開業】大正12年（1923）4月22日
【交通】赤湯駅から1時間
【付近の名所】最上川、白鷹ヤナ公園

山形鉄道は、山形県南部・米沢盆地の赤湯《あかゆ》駅と、朝日山麓の荒砥駅を結ぶ、全長30・5キロのローカル線。JR長井《ながい》線から経営移管された第3セクター鉄道で、もともとは国鉄路線であった。沿線に果樹園や花畑が多く見られ、通称「フラワー長井線」とも呼ばれる。

JR奥羽本線と接続する赤湯駅を、2両編成のディーゼルカーで出発。赤湯駅から2駅目の宮内《みやうち》駅は、ウサギ駅長「もっちぃ」がいることで知られる。他の鉄道で人気の犬猫駅長はおもに放し飼いだが、こちらは待合室の柵の中で飼われている。ウサギが干支《えと》であった平成23年（2011）は特に話題となり、一部の車両には今もキャラクターのイラストが描かれる。

片面ホームのおりはた駅を出ると、左遠方に雪を冠した飯豊山《いいでさん》（2105メートル）の山並みが見えてきた。おりはた駅に近い珍蔵寺《ちんぞうじ》は、民話「鶴の恩返し」の発祥の地とされる。周辺では、その物語にちなんだ地名が多く、「おりはた」もそのひとつだ。いかにもそんな民話が生まれそうな、日本の原風景を思わせる景観が広がる。水田ではときおり、昔ながらの手作業で苗を植える姿が見られる。

西大塚《にしおおつか》駅は、大正初期の開業以来という、まもなく築100年を迎える木造駅舎が健在。外壁は総板張りで、窓口や手荷物台なども木枠の造りだ。山形鉄道で開業以来の駅舎が残るのは、この西大塚駅と、羽前成田《うぜんなりた》駅のみ。羽前成田駅は大正後期の開業なので、西大塚駅舎が当線最古と

車体に「もっちぃ駅長」のイラストが描かれる

明治時代のトラスが架かる最上川橋梁

線路の車止め。遠方に朝日連峰がそびえる

なる。国鉄時代の駅舎が古い姿のまま見られるのも、地方私鉄ならではの魅力である。

全長318メートルの最上川橋梁を渡ると、ほどなく終点の荒砥駅に到着。荒砥は最上川の中流域、朝日連峰の山麓にあり、アユとそばの名産地である。白鷹町《しらたかまち》の代表駅だが、町の中心からやや離れているため、駅裏は畑が広がり、周囲は民家も少なくひっそりとしている。少し前まで、西大塚駅と同様の古い木造駅舎が見られたが、平成15年（2003）に、公民館や郷土資料館を併設した近代的な駅舎に建て替えられた。

「少し前まで、国鉄時代の給水塔や転車台が残っていましたよ。今はもう撤去されましたが」

ホームで写真を撮っていると、切符回収のため改札に出ていた駅員が教えてくれる。前身の国鉄長井線にSLのサヨナラ列車が走ったのは、昭和47年（1972）であった。時代が平成に変わり、まもなく四半世紀。国鉄時代の遺構、昭和の面影は、年を追うごとに消えていく。

50代と見える駅員さんは、国鉄時代からこの路線で駅業務などに携わってきたという。

「荒砥は朝日岳の登山拠点で、昔は大きなザックを担《かつ》いだ学生さんなど、若い人が大勢降りましたよ。よくこの駅前で、サンダルから登山靴に履き替えているのを見ました」

若者の山離れやバス路線の発達により、この駅で、そんな山男の集団を見ることはめったになくなったと話す。

荒砥駅から最上川沿いを少し下れば、観光ヤナとしては日本最大の白鷹ヤナ公園がある。駅事務所ではレンタサイクルを扱っており、休日などはそれを利用して訪れる人も多いとのこと。

荒砥駅に隣接して山形鉄道の車両基地があり、レールは車庫の北側で車止めとなっていた。当初、鉄路はここからさらに最上川沿いを北上し、約30キロ先の左沢駅（現ＪＲ左沢線）へと至る「左荒線《さこうせん》」の構想があった。「左荒線」は昭和初期に測量が行われ、閣議決定もされたが、戦争により計画は中止。車止めから左沢方面を望むと、田畑が広がり、その先の進路を遮るように、朝日連峰の前衛である山地が連なっていた。ずいぶん山奥に来た印象だが、荒砥駅の標高は１８７メートルしかなく、山形鉄道では最も低い。

駅から赤湯方面へ、線路沿いの道を10分ほど歩くと、先ほど列車で渡った最上川橋梁（通称、荒砥鉄橋。全長３１８メートル）のたもとに出た。橋の荒砥側には、茶色に塗装された3連のトラス（橋桁の枠）が見られる。このトラスは、明治19年（１８８６）にイギリスのバーミンガムで製造されたもので、当初は東海道本線の木曽川橋梁に使われていた。大正12年（１９２３）に、東海道本線の輸送力増加にともなう架け替えにより、こちらに転用。鉄道土木遺産としての価値がきわめて高い鉄橋だ。橋上からは朝日連峰の眺めが素晴らしく、ここが山形鉄道のハイライトである。

飯坂温泉駅【いいざかおんせん】

東北地方屈指の温泉街

都市型　山麓型

【観光度】★★★★★
【哀愁度】★★★☆☆
【到着困難度】★★★☆☆
【路線】福島交通 飯坂線
【所在地】福島県福島市
【開業】昭和2年（1927）3月23日
【交通】福島駅から25分
【付近の名所】鯖湖湯、愛宕山

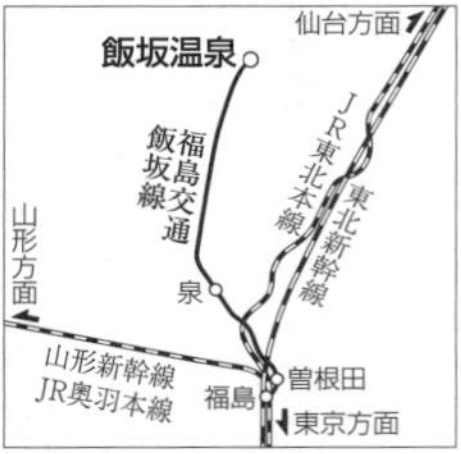

福島交通飯坂線（飯坂電車）の起点は福島駅。福島駅東口の、JRのホームを間借りしたような位置に、「いいでん」の愛称で親しまれる飯坂線のホームはある。島式ホームの一方が専用ホームで、もう一方は阿武隈《あぶくま》急行のホーム。どちらも番線は付けられておらず、「飯坂温泉方面のりば」とのみ表示される。

ホームで出発を待っていたのは、もと東急電鉄を走っていた7000系の3両編成。製造は昭和30年代末期で、窓が開閉でき、天井には扇風機も付いており、レトロな雰囲気だ。

列車は福島駅を出発すると、JR東北本線、阿武隈急行と並走。ほんの500メートルほど走り、加速する間もなく次の曽根田《そねだ》駅に着いた。飯坂線は全長9・2キロの短い路線だが、途中駅が10駅もあり、平均駅間距離は1キロに満たない。走ってはすぐに停まる路面電車のような味わいがある。

曽根田駅には古い木造駅舎があり、赤い屋根のレトロな外観だ。この地方鉄道の開業は大正13年（1924）と古く、年季の入ったホームや駅舎に、その歴史が感じとれる。

曽根田駅は東北本線と奥羽本線が分かれる地点にあり、全国でも珍しい、新幹線から在来線（奥羽本線）に乗り入れる接続線が付近を通る。鉄道ファンなら、しばらく滞在したくなるような駅である。

曽根田駅を出ると新幹線の下をくぐり、次いで東北本線を乗り越え、北西へ進路をとる。南西側の遠方に、山頂付近が白い安達太良山《あだたらやま》と吾妻山《あづまやま》の眺めがいい。左に飯坂街道と呼ばれる県道が寄り添い、梨、リンゴ、桃などの果樹園が過ぎる。

若い女性の車掌は、駅に着くたびにホームを確認し、笛を吹いて出発の合図を出す。走行中は車内を行き来して、無人駅から乗った乗客に切符を売る。駅間が短いため、一息つける暇はなく、大変な仕事だと思う。

泉《いずみ》駅の先で松川を渡る。水は澄んでおり、西側の山の眺めがいい。飯坂線一番のビューポイントだ。平野駅の付近では、線路の左側は県道、右側は民家が連なるため、飯坂線を横切る私道の踏切がいくつもある。遮断機も警報機も付いていない小さな踏切は、各家の玄関へ通じており、通称「マイ踏切」と呼ばれる。のんびりした飯坂線ならではの風景だ。

福島駅から約25分で、終点の飯坂温泉駅に到着。2面1線の頭端式ホームには、旅館の案内看板が並び華やかだ。すぐわきを清流の摺上川《すりかみがわ》が流れ、その眺めがいい。駅正面に観光案内所があり、駅前には客待ちのタクシーが連なる。いかにも温泉観光地らしい雰囲気だ。

駅前広場には松尾芭蕉の銅像が立つ。元禄2年（1689）、芭蕉は「奥の細道」の途中、門弟の曽良《そら》とともにこの飯坂温泉を訪れている。

「鯖湖湯」は人気の共同浴場

駅前に立つ松尾芭蕉の銅像

芭蕉像のわきには、「玉子」の像もある。19世紀末にキュリー夫妻が発見したラジウムは、日本では、ここ飯坂温泉にてその存在が確認された。ラジウムの温泉でつくられる「ラジウム玉子」は、飯坂温泉の名物となっている。

飯坂温泉は『古今和歌集』にも詠まれた東北地方最古級の温泉地。川沿いに50軒ほどの宿が軒を連ね、情緒豊かな温泉街を形成している。共同浴場は9カ所あり、そのうちの最も古い「鯖湖湯《さばこゆ》」は、飯坂温泉のシンボル的存在（駅から徒歩5分）。約2000年前に日本武尊《やまとたけるのみこと》が入湯したと伝えられ、松尾芭蕉もこの湯に浸かった。飯坂温泉発祥の地とされ、日本初の木造建築による公衆浴場でもある。現在の建物は近年になって建て替えられたものだが、外観はヒバやケヤキの木材、湯船は御影石《みかげいし》を使い、明治の浴場を再現している。

鯖湖湯の近くの「玉手商店」で、ラジウム玉子を購入した。包み紙がレトロ風で味わいがある。店のご主人によると、この店はラジウム玉子発祥の店であるとのこと。ラジウム玉子を売りはじめたのは大正8年

終着駅らしいコの字形ホーム

（1919）。以来飯坂温泉の名物となり、温泉街のいろいろな店で売られるようになった。

「ラジウム玉子は、70度くらいの温泉で30分から1時間くらいゆでます。夏は1カ月、冬は2カ月もちますよ。非常に消化がよく、滋養効果抜群です」とご主人。

値段は1個43円、10個入りのお土産用が530円。温泉特有の香りに包まれた、ゼリー状の白身とクリーム状の黄身のまろやかな味。血糖値や血圧を下げる効果があり、1日5個以上食べ続けてもコレステロールを気にする必要はないという。

温泉に浸かり、名物の味覚を楽しんだあと、駅の北にそびえる愛宕山《あたごやま》を訪問。駅から徒歩20分の頂上展望所からは、眼下に飯坂温泉の町並みや、福島市のシンボル・信夫山《しのぶやま》、その先に安達太良山が遠望できた。

第3章

関東編

間藤駅【まとう】

銅山の盛衰を伝える山峡駅

【観光度】★★★☆☆
【哀愁度】★★★★★
【到着困難度】★★★★☆
【路線】わたらせ渓谷鐵道
【所在地】栃木県日光市
【開業】大正3年（1914）11月1日
【交通】桐生駅から1時間30分
【付近の名所】足尾銅山

山麓型　廃線型

わたらせ渓谷鐵道は、旧国鉄の足尾線《あしお》から経営移管された、全長44・1キロのローカル線。起点の桐生駅《きりゅう》を出発し、4駅目の大間々駅《おおまま》を過ぎると、右手に渡良瀬川《わたらせがわ》が寄り添う。ここから先は終点まで、その線名のとおり渡良瀬川の美しい渓谷沿いを走る。

神戸駅《ごうど》で途中下車。草木湖《くさきこ》などへの観光拠点駅で、乗客の乗り降りが多い。ホームに立ち売りの姿があり、山椒《さんしょう》の佃煮、大福、里芋田楽《さといもでんがく》などを売っていた。60年配と見える立ち売りの方に話をうかがうと、なんと当駅の「駅長」であるという。わたらせ渓谷鐵道では12の無人駅に「ふるさと駅長」がいて、駅の清掃や運営補助に当たっている。みな地元のボランティアだという。

神戸駅長の金子さんは、隣の小中駅《こなか》近くの出身。高校時代は、前身の国鉄足尾線で、足尾駅付近にある学校まで通学していた。

「私らが子どものころは、観光の人はめったにいなかったですよ。足尾線に乗るのはほとんどが地元客でしたね。今では逆転して、地元の利用は少なく、観光の方が大半です」

駅長曰く、「子どものころから全く変わらない」という神戸駅舎は、大正元年（1912）の建造で、当鉄道の駅舎では最も古い。外壁はすべて板張りで、瓦屋根には苔が生え、古民家のような風情がある。わたらせ渓谷鐵道では、平成21年（2009）秋、駅舎やホームなど一挙37の施設が登録有形文化財となった。そのうちの4つが神戸駅にある。文化財の指定を受けて以来、訪

線路の終焉部は雑草に埋もれていた

待合室の「宮脇俊三コーナー」

れる観光客は急増したという。

「足尾銅山観光」のある通洞《つうどう》駅を経て、終点の間藤駅に到着。

片面のみのホームがあり、三角屋根の山小屋風の駅舎が立っている。ときおり通る車以外は、周囲に物音はなく、列車のアイドリング音が途絶えると、ホームは静寂に包まれた。

駅前のバス停からは、JR日光駅行きのバスが1日6本出ている。間藤駅の所在は栃木県日光市。前方の山並みを越えれば中禅寺湖があり、その先には日光東照宮がある。

駅は川沿いの傾斜地にあり、ホームの先端部には26・7パーミルの登り勾配標が立つ。線路はその先わずか20メートルで車止めとなり、ススキに埋もれていた。

間藤駅の開業は大正初期。豊富な産出量を誇った足

足尾本山まで延びていた貨物線の踏切跡

尾銅山のふもとにあり、そこで採掘された銅鉱石の搬出が、鉄道建設の主な目的であった。昭和62年（1987）までは、間藤駅からさらに、鉱山の採掘場に近い足尾《あしお》本山《ほんざん》まで、1・9キロの貨物線が延びていた。わたらせ渓谷鐵道では、国鉄時代と同様の車内補充券が売られているが、それには今も「足尾本山」の駅名が記されている。

　わきの県道を歩いて足尾本山方面へ向かう。線路は車止めでいったん消えるが、その延長線上をたどっていくと、少し先で廃線となった錆びたレールが現れた。

　足尾銅山は、明治10年（1877）に、古河《ふるかわ》財閥の創業者である古河市兵衛《ふるかわいちべえ》が開発に着手し、本格的な採掘が始まった。大正時代に入ると銅の生産量は東洋一といわれ、一帯は住宅や商業地が広がり、「鉱都」として栄えた。大正5年（1916）の最盛期には、足尾町（当時）の人口は4万近くになり、県内では宇都宮に次ぐ規模であったという。

駅から500メートルほど歩くと、かつて足尾本山まで延びていた貨物線の踏切跡が現れた。運行が途絶えて20年以上になるが、踏切の前後のレールは残っており、警報機も健在だ。線路はその先で、錆びて朽ち果てた鉄橋となり、渡良瀬川を横断している。足尾の歴史を象徴するような光景であった。

間藤駅は、鉄道紀行作家の故・宮脇俊三《みやわきしゅんぞう》氏が、国鉄全線完乗を達成した駅としても知られる。それを記念して駅の待合室には、宮脇氏の略年譜や写真、自筆原稿が展示されていた。「宮脇俊三氏追悼ご記帳ノート」もあり、その親しまれた人柄と、作家としての人気の高さがうかがえる。宮脇氏の著書を手に、ここを訪れる旅行者も多いようだ。

宮脇氏は昭和53年（1978）刊行の代表作『時刻表2万キロ』で、足尾線について、「最後の一線はもう少し情緒のある路線の方が……」という旨の記述をしている。当時の足尾は閉山後間もないころで、まだ公害の印象が強かったせいもあるだろう。

しかし時代は変わり、足尾線を引き継いだわたらせ渓谷鐵道は、観光路線として生まれ変わった。昔ながらの鉄道情緒を味わえる点では、関東地方随一である。

大前駅【おおまえ】
標高840メートルの山間駅

山麓型

【観光度】★★★☆☆
【哀愁度】★★★★★
【到着困難度】★★★★★
【路線】ＪＲ吾妻線
【所在地】群馬県吾妻郡嬬恋村
【開業】昭和46年（１９７１）３月７日
【交通】渋川駅から１時間30分
【付近の名所】嬬恋温泉

哀愁の漂う線路の車止め

吾妻線《あがつません》は、上越線の渋川駅《しぶかわ》から分岐して山間部に分け入り、浅間山《あさまやま》の北山麓を目指すローカル線。終点の大前駅まで、終始吾妻川に沿って走る。

渋川駅を出ると、右に子持山《こもちやま》、左に榛名山《はるなさん》を望みながら、のどかな田園地帯を西へ向かう。

中之条《なかのじょう》駅は、四万《しま》・沢渡《さわたり》温泉への連絡駅。吾妻線は別名「温泉街道」とも呼ばれ、沿線には由緒ある大小の温泉地が点在する。

岩島《いわしま》駅を過ぎると、吾妻川の両岸がさらにせまり、峡谷の様相となった。しばらくして、吾妻線の「名所」、日本一短い樽沢《たるさわ》トンネル（7・2メートル）を通過する。車両1両分の3分の1ほどの長さしかなく、車内が一瞬暗くなるのでそれとわかるが、予備知識がなければトンネルと気づかないだろう。このトンネルの約1キロ上流に、近年話題になっている八ツ場《やんば》ダムの建

駅の周囲は車の音もなく静まり返っている

設予定地がある。もしダムができれば、吾妻線の岩島～長野原草津口《ながのはらくさつぐち》間の一部は水没し、次の川原湯《かわらゆ》温泉駅は、水深約60メートルのダム湖の底に沈む運命にある。

終点のひとつ手前は万座《まんざ》・鹿沢口《かざわぐち》駅。全国のJR駅で、駅名に「・」が付くのはここだけだ。上野駅からの直通特急「草津」は、この駅が終点となり、この先大前駅まで走るのは、1日5本の普通列車しかない。

万座・鹿沢口駅を出ると、いくぶん細くなって透明度の増した吾妻川に寄り添うように走り、やがて吾妻線の終点、大前駅に着いた。時刻は18時過ぎで、これが本日の最終列車。小学生の門限並みである。

ともに下車したのは、群馬原町《ぐんまはらまち》駅近くの学校に通う2人の高校生。毎日吾妻線の始発列車で通学しているという。

「乗り遅れたら1時間以上列車がないので、毎日が真剣勝負です」と話す。朝夕の大前駅からの利用客は、中学生と高校生がほとんどという。彼らは駅前に迎えに来ていた車に乗り、家路についた。駅付近の民家はまばらだが、川向かいの国道144号に沿って、集落が長野県境付近まで続いている。

大前駅は片面ホームのみの無人駅で、ホーム上に小さな待合室はあるが、駅舎はない。吾妻線は標高181メートルの渋川駅から、ほぼ登り一辺倒で、大前駅の標高は840メートル。関東地方の最高所駅である。北に草津白根山《くさつしらねさん》、南に浅間山がそびえるが、山が深いため、それらの山容を見ることはできない。

駅前に「つまごい館」という温泉旅館が1軒あるのみで、周囲に観光施設などはない。レールの末端部はホームの50メートルほど先で、雑草に埋もれるように途切れていた。駅が醸し出す独特の哀感は、全国の終着駅の中でも屈指である。

今夜は「つまごい館」に宿泊。平日であるが、意外に宿泊客は多い。もっとも、ほとんどは鉄道ではなく車の利用者のようだ。川を見下ろす露天風呂があり、源泉かけ流しの温泉が楽しめる。

19時ごろ、先ほど着いた列車が、上りの最終列車として出発していく。駅は静寂に包まれ、近くを流れる吾妻川のせせらぎが聞こえるのみとなった。

横川駅【よこかわ】

かつての峠越えの基地

山麓型　廃線型

【観光度】★★★★★
【哀愁度】★★★★★
【到着困難度】★★★☆☆
【路線】ＪＲ信越本線
【所在地】群馬県安中市
【開業】明治18年（１８８５）10月15日
【交通】高崎駅から35分
【付近の名所】碓氷峠鉄道文化むら、めがね橋

駅前の「碓氷峠鉄道文化むら」には、古い車両や鉄道備品が展示されている

信越本線の起点、高崎駅は、古くから中山道と三国《みくに》街道の分岐点であった。鉄道も旧街道と同じく、ここから上越線と信越本線の二手に分かれており、どちらへ向かっても険しい峠越えがある。

横川行きはロングシートの4両編成。高崎の市街地を抜けると、山容が特徴的な2つの山が前方に見えてくる。右手は日本百名山のひとつ浅間山（2568メートル）で、なだらかな山容だ。対して左手は、黒く奇怪な岩峰が連なる妙義山《みょうぎさん》（1104メートル）で、ギザギザの稜線を従えた山塊は、巨大な芸術作品のようだ。色も形も対照的な2つの山が、信越本線の序章区間を楽しませてくれる。

西松井田《にしまついだ》駅を過ぎると、碓氷川《うすいがわ》に沿って山間部に入り、やがて信越本線前半部の終点、横川駅に到着。妙義山麓にたたずむ山峡駅で、ホームに降り立つと、濃

今もホームで売られている「峠の釜めし」（900円）

厚な山の気配がした。

かつて信越本線は、横川駅の先で碓氷峠《うすいとうげ》を越え、軽井沢へとつながっていた。高度差550メートルという日本一の鉄道難所で、横川駅は峠越えの基地としての役割を担った。しかし平成9年（1997）の長野新幹線開業にともない、横川〜軽井沢間は廃止され、信越本線は分割された。かつては「上信越」を直結した信越本線だが、現在は皮肉にも、線名のとおり「信州」と「越後」だけを結んでいる。

下車したのはわずか数人で、駅はひっそりとしている。「高崎・上野方面」と書かれた、ホーローびきの行先標が往時を偲ばせる。

横川駅は開業から120年以上を経た古参駅。初めてこの駅を訪れたのは、四半世紀ほど前になる。軽井沢方面から普通列車で横川駅に着き、ここで数時間滞在して、発着する特急や、機関車の付け替え作業を眺めていた。碓氷峠を行き来する列車は、急勾配に備え、高崎寄りに電気機関車のＥＦ63・ＥＦ62が重連で連結されていた。特急列車が到着すると、各車両のドアから乗客が走り降りてきて、ホームの駅弁販売員に群がる。当時７００円だった「峠の釜めし」は、まさに飛ぶように売れていた。列車出発の際は、販売員がホームに並び、お辞儀をしていたのが印象的だった。

終着駅となった現在は、機関車も人の姿もない。ホームの売店では相変わらず「峠の釜めし」が売られているが、かつて国鉄随一の難所をひかえ、常に緊張感が漂っていた横川駅の気配はどこにもない。これほど激しい変遷をたどった駅は、全国でも稀だろう。波乱に満ちた壮年期を経て、静かに隠居生活を送る老翁《ろうおう》のごとき気配がある。

近年になって、横川駅から「めがね橋」（碓氷第三橋梁）まで、「アプトの道」と呼ばれる遊歩道が整備された。遊歩道の一部は信越本線の廃線跡を利用している。その道をたどってみた。「めがね橋」は、アプト式鉄道時代の信越本線で使われた、レンガ造りのアーチ橋で、重要文化財に指定され、観光名所となっている。

信越本線の「下り線」は、当時の姿のまま残されていた。この線路を使い、２・６キロ先の「とうげのゆ駅」まで、シーズン中の土・日を中心に、観光トロッコ列車が走っている。

並走する「上り線」は、遊歩道のために舗装して埋められ、レールの踏面《とうめん》（頭部）だけが見える。架線もそのまま残されており、これほどわかりやすい「廃線跡」はない。ときおり遊歩道を歩く人とすれ違うが、両側は森閑《しんかん》とした杉やヒバの森で、人の気配はほとんどない。猿の群れが、架線の上を歩いたり、線路上で休んだりしている。ここに定期列車が通らないことを知っているかのようだ。

重厚なレンガ造りの旧丸山変電所を過ぎてしばらく歩くと、下り線の線路わきに、「66・7‰」の勾配標を発見。旧国鉄の最急勾配であり、さすがにかなりの傾斜である。

架線柱が山側に向かって斜めに立っているように見えるが、それは周囲の地形がすべて西高東低で傾斜しているための錯覚であった。架線柱はやはり垂直に立っており、それを基準に改めて線路の勾配を眺めると、恐怖感を覚えるほどの傾斜であった。66・7パーミルというのは、車両1両分（約20メートル）で1メートル以上の高低差がある。「横軽《よこかる》」（横川〜軽井沢）の運転では、登りよりも下り（高崎方面行き）の方が気を使ったというが、この急傾斜を見ると納得できる。

横川駅に戻り、駅前の鉄道博物館「碓氷峠鉄道文化むら」を訪ねた。ここはかつて駅に隣接していた横川機関区の跡地を利用したもの。ＳＬなどの車両展示や、トロッコ列車の運行などがある。往時の賑わいとは趣を異にするが、館内は鉄道ファンや家族連れで賑わっていた。

日光駅【にっこう】

関東最古の木造駅舎

山麓型

【観光度】★★★★★
【哀愁度】★★★☆☆
【到着困難度】★★★☆☆
【路線】ＪＲ日光線
【所在地】栃木県日光市
【開業】明治23年（１８９０）8月1日
【交通】宇都宮駅から40分
【付近の名所】日光東照宮

大正元年（1912）竣工の駅舎が今も残る

ＪＲ日光線の開業は明治23年（１８９０）と古く、１世紀以上の歴史を持つ由緒ある路線だ。昭和４年（１９２９）に東武鉄道が日光に乗り入れるまで、首都圏から日光東照宮へのメインルートであった。

ＪＲ宇都宮駅から日光行きの列車に乗ると、北西にある男体山《なんたいさん》を目指して走る。終点のひとつ手前の今市《いまいち》駅付近から、日光街道の杉並木が車窓を彩る。樹齢４００年にもなる杉の木が1万本以上も立ち並ぶ、世界一の長さを誇る杉並木だ。江戸時代初期に20年の期間をかけて植栽し、日光東照宮に寄進されたものだという。

大正天皇が使用されたという貴賓室

宇都宮駅から40分ほどで日光駅に到着。駅舎は大正元年（１９１２）に改築されて以来のもので、ＪＲ東日本管内では最も古い木造駅舎といわれている。左右対称で、どこか洋館を思わせるエキゾチックな外観は、当時の観光駅の代表的な建築様式という。改札口のわきには、大正天皇が使用された貴賓室が当時のまま残されている。構内には、手を叩くと天井が共鳴する「鳴き竜」があり、東照宮にある本地堂の「鳴き竜」を彷彿させる。

ＪＲ日光駅から東照宮へ延びる参道を遮るような位置に、東武日光駅がある。列車の本数と運賃の安さから、乗客はそちらに奪われがちだ。しかし歴史と気品の点では、ＪＲ駅の方に軍配が上がる。

烏山駅【からすやま】

烏山藩の城下町

山麓型

【観光度】★★★☆☆
【哀愁度】★★★★☆
【到着困難度】★★★☆☆
【路線】ＪＲ烏山線
【所在地】栃木県那須烏山市
【開業】大正12年（１９２３）４月15日
【交通】宇都宮駅から50分
【付近の名所】山あげ会館

ＪＲ烏山線は、宇都宮駅から２駅目の宝積寺《ほうしゃくじ》駅と、栃木県東部の烏山駅を結ぶ、全長20・４キロのローカル線。開業以来80年以上の古い歴史を持つ。

宇都宮駅から、烏山行きの２両編成のディーゼルカーに乗車。東北本線と分かれ烏山線に入ると、非電化単線となり、終始のどかな田園風景の中を行く。

レールの先はススキなどの雑草に埋もれていた

滝《たき》駅を出るとすぐ右手車窓に、江川《えがわ》にかかる「龍門《りゅうもん》の滝」の一部が見える。高さ20メートル、幅65メートルという大瀑布で、沿線有数の観光スポットでもある。

国鉄時代のディーゼルカーが今も走る

終点の烏山駅は、平成17年（2005）に南那須町と烏山町が合併した那須烏山《なすからすやま》市の中心駅。八溝《やみぞ》山系の山に囲まれた、静かな城下町である。昔ながらの木造駅舎が立ち、レールは100メートルほど先で、ススキなどの雑草の中に消えていた。終着駅情緒満点のたたずまいだ。

駅名板には、七福神のひとり「毘沙門天《びしゃもんてん》」のイラストがある。烏山線には、起点の「宝積寺」駅や「大金《おおがね》」駅など縁起のいい駅名があり、それにあやかって、線内の7駅を七福神巡りにたとえている。

この駅は、かつて国鉄が企画したミステリー列車「銀河鉄道999」の終着駅でもあった。当時は駅全体が「アンドロメダステーション」に模様替えされ、全国から鉄道ファンやマスコミが集まり、大変な賑わいを見せたという。

三峰口駅【みつみねぐち】

SLが走る秩父山麓の終着駅

山麓型

【観光度】★★★★☆
【哀愁度】★★★☆☆
【到着困難度】★★★☆☆
【路線】秩父鉄道　秩父本線
【所在地】埼玉県秩父市
【開業】昭和5年（1930）3月15日
【交通】熊谷駅から1時間30分
【付近の名所】三峯神社

秩父《ちちぶ》鉄道は、埼玉県東部の羽生《はにゅう》駅と、西部の三峰口駅を結ぶ、全長71・7キロのローカル鉄道。秩父鉄道の看板列車、「SLパレオエクスプレス」に乗り、秩父山麓の三峰口駅を目指した。

昭和19年（1944）製造のC58が引く客車は、SLファンや観光客でほぼ満員。哀感のある汽笛を鳴らし、黒い煙をはきながら、列車はのんびりと走る。美しい峡谷が続く長瀞《ながとろ》や、武甲山《ぶこうさん》

駅は奥秩父山系の登山口でもある

人気のある「ＳＬパレオエクスプレス」

山麓の秩父の町が、車窓を過ぎていく。都心から近いということもあって、線路わきでカメラを向ける人が多く、ＳＬ人気の根強さがうかがえる。

熊谷駅から約１時間半で、終点の三峰口駅へ。ここは埼玉県で最も西にある駅で、文字どおり三《みつ》峯《みね》神社の玄関口である。秩父湖や中《なか》津《つ》峡《きょう》へ向かうバスが発着しており、奥秩父観光の拠点でもある。ＳＬから下車した乗客の中には、リュックを背負ったハイカーも少なくない。

駅の北側には、「秩父鉄道車両公園」が隣接しており、家族連れなどで賑わっていた。広い敷地に保存展示されているのは、かつて秩父鉄道を走った古い客車や貨物車。構内にある転車台は今も現役で使われており、ＳＬの到着時は、実際に稼働するところを間近で見られる。

奥多摩駅【おくたま】

奥多摩登山の拠点駅

山麓型

【観光度】★★★★★
【哀愁度】★★★☆☆
【到着困難度】★★★☆☆
【路線】ＪＲ青梅線
【所在地】東京都西多摩郡奥多摩町
【開業】昭和19年（１９４４）７月１日
【交通】立川駅から１時間30分
【付近の名所】奥多摩湖、日原鍾乳洞

ＪＲ青梅《おうめ》線は、立川《たちかわ》駅から奥多摩駅まで、旧青梅街道沿いに敷かれた全長37・2キロの路線。途中の青梅駅までは、明治時代に開業した古い区間だが、奥多摩駅まで線路が延びたのは、ずっと後の昭和19年（１９４４）。奥多摩駅のあたりはかつて氷川郷《ひかわごう》と呼ばれ、駅名も「氷川」であった。昭和46年（１９７１）に、現駅名に改称している。

山小屋風の立派な駅舎が立つ

列車は青梅駅を出ると、多摩川上流の渓谷に沿って走り、一気にローカルムードが高まる。線路は単線となり、緑の山腹が車窓にせまる。東京都にいるとは思えない、のどかな景観だ。

周囲を山に囲まれている

立川駅から1時間半ほどで、終点の奥多摩駅に到着。山腹に沿って大きく湾曲したホームに降り立つと、爽やかな山の空気に包まれる。標高は３２９メートルで、東京都の駅では最も高い。駅前を流れる清流の眺めが素晴らしく、つい先ほどの、ビルに囲まれた立川駅とは別世界だ。起点と終点で、沿線の景観がこれほど変化する路線も珍しい。駅前には、ワサビなどの名産を売る店や、食堂が軒を連ねる。昭和の気配が濃厚な駅前風景だ。

奥多摩駅では、リュックを背負った多くの登山客が下車した。ここは東京都最高峰の雲取山《くもとりやま》（２０１８メートル）をはじめとする、奥多摩の山々の登山拠点でもある。景色だけでなく乗客の客層も、立川周辺とは大きく異なっている。

武蔵五日市駅【むさしいつかいち】

秋川渓谷の入り口駅

山麓型

【観光度】★★★☆☆
【哀愁度】★★★☆☆
【到着困難度】★★☆☆☆
【路線】ＪＲ五日市線
【所在地】東京都あきる野市
【開業】大正14年（１９２５）4月21日
【交通】立川駅から30分
【付近の名所】秋川渓谷

ＪＲ五日市線は、昭島《あきしま》市の拝島《はいじま》駅と、あきる野市の武蔵五日市駅を結ぶ、全長11・1キロの路線。単線電化のローカル線である。もともとは石灰石輸送の目的で、大正14年（１９２５）に五日市鉄道として開業。昭和19年（１９４４）に国有化された。列車はほとんど拝島〜武蔵五日市間の往復運転だが、朝夕の一部は東京駅からの直通列車が走る。

駅前には奥多摩の山並みを表すモニュメントが立つ

新しくなったホームからは町の眺めがいい

関東平野の末端部に位置する拝島駅を出ると、しばらくは住宅街を走るが、しだいに田畑が目立つようになる。

多摩川の支流、秋川《あきがわ》が車窓に寄り添い、左右から山がせまると、終点の武蔵五日市駅に到着。五日市の地名は古く、5の日に定期市が立ったことに由来する。町には大悲願寺《だいひがんじ》、広徳寺《こうとくじ》、阿技留神社などの社寺が多い。以前は木造平屋の素朴な駅舎が立っていたが、平成8年（1996）に新築され、高架駅として生まれ変わった。ホームの場所も少し北西側に移動しており、旧駅舎があった場所は、現在は駅前ロータリーとなり、かつての面影は跡形もない。

駅前広場の一角に、奥多摩の山と秋川を表した噴水がある。ここは日ノ出山《ひのでやま》や大岳山《おおだけさん》など、奥多摩登山の拠点駅でもあり、休日は登山客やハイカーが多く訪れる。その一方で、町は東京のベッドタウンの一面もあり、1日の平均乗車人員は約5000人にのぼる。平日と休日で、これほど客層が異なる路線も珍しい。

外川駅【とかわ】

築90年の木造駅舎が健在

海浜型

【観光度】★★★★☆
【哀愁度】★★★★★
【到着困難度】★★★☆☆
【路線】銚子電鉄
【所在地】千葉県銚子市
【開業】大正12年（1923）7月5日
【交通】銚子駅から20分
【付近の名所】犬吠埼、外川漁港

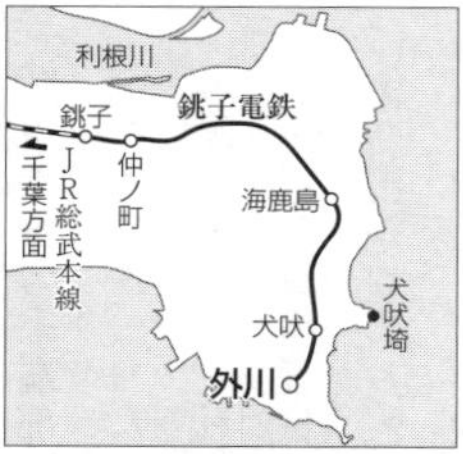

銚子電鉄は、太平洋に突き出た銚子半島の沿岸部をたどる、全長6・4キロのミニ路線である。起点はJR総武本線の銚子駅。JRホームのはずれに銚子電鉄のホームがあり、オランダの風車を模した小さな「駅舎」が立っている。

平成22年（2010）に伊予《いよ》鉄道から導入された、2000系の2両編成で銚子駅を出発。開業時の木造駅舎が残る仲ノ町《なかのちょう》駅や、スイスの登山鉄道風の駅舎を持つ観音《かんのん》駅、「秘境駅」の気配に満ちた本銚子《ほんちょうし》駅など、個性的な駅が車窓を過ぎる。ほぼ中間地点の笠上黒生《かさがみくろはえ》駅では上下列車が行き違い、全国でも稀少となったタブレット交換風景が見られる。

海鹿島《あしかじま》駅は、関東地方最東端の駅。国木田独歩《くにきだどっぽ》や竹久夢二《たけひさゆめじ》の文学碑が近くにある。

「この近くの海岸は、今は岩場ですが昔は広い砂浜がありました。浜辺に海の家がずらっと並んでいて、夏はこの駅も海水浴客で賑わっていましたよ」と、地元のおばあちゃんが教えてくれる。生まれてからずっと銚子電鉄の沿線に住んでいるという。

「子どものころは、たまに親に連れられて観音駅まで遊びに行きました。縁日には駅前の飯沼《いいぬま》観音の境内に、サーカスなどの見世物小屋が出ていたんです。参道には焼きだんごやアイスキャンデーの屋台が並んでいて、よくせがんで買ってもらいました」

おばあちゃんは昭和ひとケタ生まれ。学校を出てすぐ銚子の会社に就職し、毎日銚子電鉄で通った。しかしすぐに戦争になり、会社はつぶれたという。

「銚子は空襲がひどくて、戦後は一面焼け野原でしたよ。銚電も、焼かれて屋根のない車両が走っていて、私らは『屋根なし展望車』と呼んでいました。銚子行きの電車は、海鹿島と君ケ浜《きみがはま》の間の急坂が電力不足で登れず、乗客はみんな降りて電車を押しました。ガッタン、ガッタンというレールの響きに合わせ、『なんだ坂、こんな坂』と、みんなで歌いながら押していましたね」

そのころは鉄道の需要が高く、列車はいつも満員であった。変電所は銚子駅の隣の仲ノ町駅にあったが、遠方は電圧が落ちるため、登り勾配では乗客の重量に耐えられなかったのだろう。

終点のひとつ手前の犬吠《いぬぼう》駅は、関東地方最東端の犬吠埼の最寄り駅。付近からは白亜の犬吠埼《いぬぼうさき》灯台が遠望できる。駅内には土産物屋があり、銚子電鉄名物「ぬれ煎餅《せんべい》」の実演販売が行われていた。

犬吠駅舎は立派な宮殿風の造り。絵柄タイルの壁が美しく、「関東の駅百選」に選定されている。銚子駅舎は「オランダ」、観音駅舎は「スイス」、そして犬吠駅舎は「ポルトガル風」だ。さまざまな外観の駅舎を楽しめるのも、銚子電鉄の魅力である。

観光客で賑わう犬吠駅を出発すると、乗客の数はそれまでの半分以下になった。のどかなトウモロコシ畑のわきを走ると、やがて前方に、外川駅の小さなホームが見えてきた。

観光拠点だった犬吠駅とは対照的に、外川駅の周辺は、鄙びた漁師町の雰囲気。時間が半世紀

昭和の面影を残すホームの風景

切符の窓口も昔ながらの雰囲気

ほど戻ったような、古い木造駅舎が迎えてくれる。犬吠~外川間の、「動」から「静」へと移り変わる「舞台転換」は劇的だ。まるでタイムトンネ

車止め付近にはトロッコ車両「澪（みお）つくし号」が留置されていた（現在は運休中）

ルをくぐり、時間旅行をしているかのような趣がある。

銚子電鉄の終点・外川駅は、終着駅情緒に満ちた駅である。片面だけのホーム、線路末端の車止め、そして年季の入った木造駅舎。この駅舎は大正12年（1923）の銚子電鉄開業以来のもので、木製のベンチや木枠の窓口に、当時の面影を残す。天井に下がる白熱灯や、窓口の上に掲げられた手書きの料金表も味わい深い。

駅から3分ほど歩き、古い漁村の面影を残す集落を抜けると、濃厚な潮の香りが漂い、小型漁船が数多く停泊する外川漁港に出た。南西の九十九里浜へと続く海岸は「屛風ヶ浦《びょうぶがうら》」と呼ばれ、陸地から海に切れ落ちる高い断崖が連なり、豪快な眺めだ。

この外川漁港でとれたサンマ、サバ、イワシなどの魚は、かつてはリヤカーで外川駅へと運ばれた。駅で貨物列車に積み替えられ、銚子駅から国鉄路線を経て、東京方面へと出荷された。個人で魚を運ぶ行商人も多く、外川駅はその荷運びや、出迎えの家族などで賑わったという。当時の外川駅は、まさに町の人々の交流の場であったのだ。

外川駅舎は、そのような銚子の歴史、銚子電鉄の変遷を知る歴史の証言者である。90年もの時を経た鉄道建造物というのは、もはや土地の風景の一部として同化したような風格がある。そのたたずまいは鉄道遺産の域に達しており、駅舎の末永い存続が望まれる。

芝山千代田駅【しばやまちよだ】

2・2キロの日本一のミニ私鉄

都市型

【観光度】★★★☆☆
【哀愁度】★★☆☆☆
【到着困難度】★★★☆☆
【路線】芝山鉄道
【所在地】千葉県山武郡芝山町
【開業】平成14年（2002）10月27日
【交通】京成成田駅から10分
【付近の名所】航空科学博物館

京成電鉄京成成田駅を出発し、成田空港駅へ向かう京成本線と分かれ、全長7・1キロの東成田線をたどる。当初はこちらが京成電鉄の本線で、空港アクセス路線の役割を担っていた。

約6分で、成田空港の敷地の地下にある東成田駅へ。この駅はかつて「成田空港駅」と名乗り、空港旅客ターミナルへの連絡バスが発着し、海外渡航者に多く利用された。しかし平成3年（1991）、JR・京成の成田空港駅開業にともない、現駅名の東成田駅に改称。路線も京成の支線扱いとなった。

平成14年（2002）10月27日に開業した芝山鉄道は、この東成田駅を起点とする。空港の地下をくぐり、芝山町の芝山千代田駅へ至る、全長わずか2・2キロのミニ路線だ。以前は和歌山県の紀州鉄道（御坊《ごぼう》～西御坊間2・7キロ）が「日本一のミニ私鉄」を名乗っていたが、現在その「タイトル」は芝山鉄道が保持している。

東成田駅のホームは2面2線の構造だが、使用されるのは3・4番線ホームのみ。かつて特急専用ホームだった1・2番線は現在使用されておらず、明かりも消され、人の気配はない。天井から下がる駅名標は、なんと旧駅名の「成田空港」のままであった。線路わきの壁には、「京都大文字焼」「仙台七夕祭り」「青森ねぶた」など、日本の観光地を紹介する大パネルが残り、二十数年前の空港アクセス駅時代の面影を残す。

線路は高架のまま、ホームのすぐ先で途切れていた

乗降客は少なく、エスカレーターは動いていない。改札近くには閉鎖された売店の跡が廃墟のように連なっていた。なお東成田駅は、京成電鉄の空港第2ビル駅と、約500メートルの連絡通路で結ばれ、徒歩10分ほどで行き来できる。

芝山鉄道の芝山千代田行きは、日中はほぼ40分に1本の運行。すべて京成線との相互乗り入れで、京成上野駅からの直通列車もある。

東成田駅を出発すると、しばらくは地下区間を走る。地下にもかかわらず曲線が多いのは、工事に着手した平成10年（1998）当時、建設予定地に未買収地があり、それを迂回するために、ルートが一部変更されたためだ。

東成田駅から約3分後に地上に出て、空港の敷地わきを通り、一気に高架に上がる。さらに1分後、

九十九里への延伸を願う看板が立っていた

終点の芝山千代田駅に到着した。ホームは高架にあり、片面1線のみの簡素な構造。車止めはホームのわずか10メートル先にあり、高架橋のままぷっつりと途切れていた。駅の正面に飛行機の整備工場があり、そこに待機するさまざまな機体が、ホームから眺められる。ジャンボジェット機がこれほど間近に見える駅というのは、全国でも珍しく、ホームはまるで空港の展望デッキのようである。

駅の周囲は倉庫や運送会社が多く、住宅は少ない。下車したのはわずか7～8人。駅員さんによると、「駅の南にいくつか工業団地がありますので、朝と夕方は、その団地の方がよく利用されます」とのこと。

駅からバスで5分のところには、日本最初の航空専門の博物館として、平成元年（1989）に開業した「航空科学博物館」がある。YS-11試作1号機や、成田空港の模型などが展示され、ジェット旅客機などの操縦体験が楽しめる。4階には成田空港を一望する展望レストランを併設。5階の展望室では、成田空港に離着陸する飛行機を、係員の解説付きで見ることができる。

上総亀山駅【かずさかめやま】

房総半島の山間集落

山麓型　未成線型

【観光度】★★★★☆
【哀愁度】★★★★★
【到着困難度】★★★★☆
【路線】ＪＲ久留里線
【所在地】千葉県君津市
【開業】昭和11年（1936）3月25日
【交通】木更津駅から1時間
【付近の名所】亀山湖、亀山ダム

JR久留里《くるり》線は、木更津駅から房総半島の山間部に分け入り、城下町久留里を経て、上総亀山駅までを結ぶ全長32・2キロのローカル線。のどかな景観の房総丘陵を、旧型のディーゼルカーがのんびりと走っている。近年はキハ30形などの「国鉄色塗装」の車両が運行され、鉄道ファンの人気が高い路線だ（平成24年秋より、新型車両に順次置き換わる予定）。

鉄路が上総亀山駅まで達したのは昭和11年（1936）。当初の計画では国鉄木原《きはら》線（現・いすみ鉄道）と結ばれ、房総半島横断線となる予定であったが、未完成のまま終わっている。「木原線」という名称は、木更津の「木」と大原の「原」をとったものである。

上総亀山行きの列車は、木更津駅の4番線から、千葉方面に向かって出発。しばらくして右に折れ、直進する内房線と分かれると、いきなり市街地が途切れ、広大なハス畑が広がった。大きな葉の間から、ところどころに白やピンクの花が見られる。背後に遠ざかっていく臨海コンビナートの煙突群とは対照的な眺めである。

古い木造駅舎が立つ馬来田《まくた》駅を出ると、久留里線は東から南に進路を変える。車窓は稲穂が青々と実る田園風景が続く。

「終戦直後の食糧難のときは、東京からここに、汽車に乗って米を買いに来る人が大勢いましたよ。車両はいつも満員で、ドアの開いたデッキに人が鈴なりになって走っていました」と、同席

平成24年（2012）3月まで、タブレット交換風景が見られた

ホームは島式1面のみ

亀山湖へは駅から徒歩5分

した地元客が教えてくれる。このあたりは古くからの米の産地で、小《お》櫃《びつ》、俵田《たわらだ》といった駅名が、それを示している。久留里線はかつて、東京から最も手近に行ける「買い出し路線」であったのだ。

久留里駅を出ると、小《お》櫃川《びつがわ》の渓谷沿いを走り、終点の上総亀山駅に到着。ホームは島式1本のみで、駅は閑散としている。

線路の終焉部はホームの100メートル先にあり、丘陵地に遮られるように途切れていた。車止めには古い枕木が3本、線路の上に直角に置いてあり、終着駅ならではの風情である。駅舎は素朴な瓦葺きの平屋建て。駅前は静かな集落で、雑貨屋とたばこ屋が1軒ずつある。

「駅舎は改修して新しく見えますが、基礎部分は開業時のままですよ」

駅の写真を撮っていると、地元の年輩の方が教えてくれる。この方の自宅は駅の正面にあるという。昔の駅の様子などを尋ねてみた。

「私が子どものころ、家は下宿屋を営んでいまして、最終列車の乗務員がよく泊まっていきました。運転士と仲良くなって、待機中の機関車に乗せてもらった思い出があります」

かつては駅舎の隣に、鉄道官舎や、貨車で搬出するための材木置き場があったという。現在その跡地は、砂利敷きの駐車場になっていた。

「戦争のころ鉄不足で、久留里から（上総）亀山までの線路は、軍用のため一時撤去されました。汽車が走らなかったのは、たしか3年ほどです。当時この集落から出征する兵隊は、木炭バスで出発し、久留里で汽車に乗り換えて行きました」

駅前の古い集落を抜け、坂道を下りていくと、5分ほどで亀山湖畔に出た。山の緑を映す静かな湖面に、釣り船や遊覧ボートが浮かび、のどかな雰囲気だ。亀山ダムへは、さらに歩いて5分ほど。湖周辺は「関東で最も遅い」といわれる紅葉の名所で、11月下旬から見ごろとなる。

亀山湖は昭和54年（1979）、小櫃川の上流につくられた亀山ダムに堰き止められた人造湖である。小櫃川流域では、豪雨による水害がたびたび発生しており、特に昭和45年（1970）の被害は甚大であった。治水と灌漑《かんがい》の2つの理由で、亀山ダムはつくられた。

ダムによって沈んだ家屋は全部で37棟。当初は100日間かけて、ゆっくり水をためる予定であったが、ゲートを閉めた翌日に集中豪雨に見舞われ、一気に水位が上昇し、湖ができた。水没集落の人は、沈んでいく我が家に別れを惜しむ暇もなかったそうだ。

片瀬江ノ島駅【かたせえのしま】

鮮やかで賑やかな、江の島への玄関駅

都市型　海浜型

【観光度】★★★★★
【哀愁度】★☆☆☆☆
【到着困難度】★★☆☆☆
【路線】小田急電鉄　江ノ島線
【所在地】神奈川県藤沢市
【開業】昭和4年（1929）4月1日
【交通】藤沢駅から10分
【付近の名所】江の島

竜宮城を模したきらびやかな駅舎

小田急線の藤沢駅から、下り列車で3駅目。住宅街をしばらく走り、終点の片瀬江ノ島駅に到着した。ここは昭和4年（1929）に、江の島の玄関口として開業した由緒ある駅。現在は特急「えのしま」が、新宿駅から約1時間で結んでいる。

駅の構造は2面3線の頭端式ホームで、どのホームからも、階段を使わず改札口まで移動できる。

付近は新興住宅街

駅舎は竜宮城を模したという、朱色を基調とした奇抜な外観。緑の屋根には、金のシャチホコがのっている。「関東の駅100選」の選定駅でもある。

片瀬江ノ島駅は、海水浴など、夏のシーズン中は大勢の観光客で賑わう。そのせいか駅前のスペースは広く、多客期のみ使われる臨時の改札口もある。駅前広場のまわりを囲むように、釣り具店や土産物屋、海水浴用品を売る商店が軒を連ねている。

駅を出て少し歩くと、遠浅の海に浮かぶ江の島が見えてきた。湘南のシンボルである江の島までは、長さ300メートルほどの海上橋を渡り、駅から徒歩7分ほど。古くからの信仰の島で、弘法大師や徳川家康など、ここを訪れた歴史上の人物は多い。島の高台には由緒ある江《えの》島《しま》神社があり、参道の両側には食事処や土産物店が連なる。東京から日帰りで行けることもあり、年間を通して参拝客が絶えない。

海芝浦駅【うみしばうら】
日本一海に近い駅

都市型　海浜型

【観光度】★★★☆☆
【哀愁度】★★★★☆
【到着困難度】★★★☆☆
【路線】ＪＲ鶴見線　支線
【所在地】神奈川県横浜市鶴見区
【開業】昭和15年（１９４０）11月1日
【交通】鶴見駅から11分
【付近の名所】海芝公園

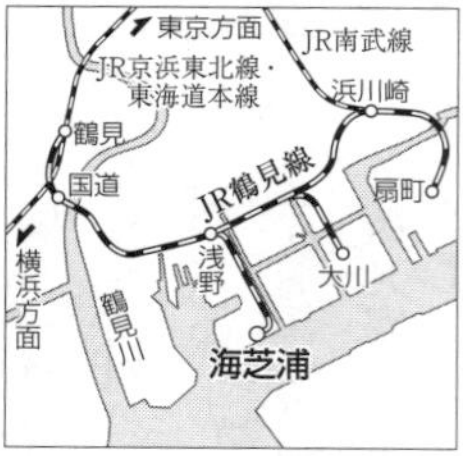

鶴見線は京浜東北線（東海道本線）の鶴見駅から、京浜臨海工業地帯を走るミニ路線。本線のほか支線が2本あり、そのうちのひとつ「海芝浦支線」の終点が、海芝浦駅だ。

乗客の多くは通勤客で、そのため日中や土・休日の海芝浦行きは、1～2時間に1本の運行である。

鶴見駅の京浜東北線ホームは地上階にあるが、鶴見線のホームは跨線橋を上がった2階の位置にある。京浜東北線から鶴見線に乗り換えるには、鶴見線専用の改札を通らなければならない。JR線同士の乗り換えで途中改札があるのは珍しいが、これは鶴見線のほとんどの駅が無人駅であるためだ。加古川《かこがわ》線における加古川駅などと同様である。

鶴見線の乗り場は相対式の2面2線で、東京側の末端部でホームがつながり、「コ」の字形をしている。ホーム全体が大きな鉄骨のドームに覆われ、どこか昭和の気配が漂う。鶴見線はもと鶴見臨海鉄道という私鉄であったが、昭和18年（1943）に、戦時中の輸送体制強化のため国鉄に買収された。ホームの位置と形状に、旧私鉄時代の面影が残っている。

鶴見駅を横浜方面へ向けて出発。左手に複々線の東海道本線、京浜急行の線路を見ながら走る。鶴見駅を出て1分後、上下線の間を古い島式ホームが過ぎる。これは昭和17年（1942）に廃止された本山《ほんざん》停留所跡。鶴見臨海鉄道の開業当初は、ここが始発駅であった。

やがて列車は急カーブで左へ曲がり、東海道本線・京浜急行を跨いで南東へ進路をとる。この跨線橋からの見晴らしはよく、南側に鶴見大橋などが遠望できる。

鶴見駅の次は国道駅《こくどう》。その名のとおり、高架ホームの下を国道15号（第一京浜）が通る。駅舎は戦前に建てられたもので、柱には戦時中の弾丸の跡が残っている。国道駅を出ると、鶴見川を渡って地上に降り、しだいに住宅地から臨海工場地帯へと入っていく。

浅野駅は、扇町《おうぎまち》駅へ向かう本線から、全長1・7キロの「海芝浦支線」が分かれる分岐駅。周囲は工場地帯で、一般の民家はない。支線は浅野駅に入る手前で本線と分岐しており、直進する本線に対し、支線は半径150メートルの右急カーブを描いている。そのため浅野駅のホームは扇形をしている。これだけの急カーブ区間にホームが置かれるのは珍しく、乗車位置によっては列車とホームの間がかなり開く。

浅野という駅名は、鶴見臨海鉄道の創設者で、財閥の総帥であった浅野総一郎にちなんで命名された。大半が埋め立て地を走る鶴見線には、ほかにも安善《あんぜん》駅（安田善次郎）や武蔵白石《しらいし》駅（白石元治郎）など、ゆかりの人名にちなんで付けられた駅名が多い。

浅野駅を出ると、幅100メートルほどの旭運河が左車窓わきにせまる。このあたり一帯はすべて埋め立て地なので、正確には「運河」というより、埋め立てられないまま残された、かつての「海」の名残である。対岸には巨大な倉庫や石油タンクが連なる。

ホームの先にある海芝公園

列車を降りると
すぐに海がある

ホームはまるで船の甲板のよう

列車は終点の直前でほぼ90度右に曲がり、左車窓いっぱいに海が広がった。ほどなく終点の海芝浦に到着。ここは通称、「日本一海に近い駅」。ホーム下まで波が打ち寄せ、潮の香りが漂っている。電車を降りると、まるで船の甲板に降り立ったようだ。正面遠方に鶴見つばさ橋、右側に横浜ベイブリッジの眺めがいい。沖には大きな貨物船が行き交っている。

この駅は、東芝の京浜事業所の専用駅である。駅舎が会社の敷地内にあり、東芝の社員や関係者以外は、改札口から外に出ることはできない。

3両編成の列車からは、30人ほどが下車。ほとんどが社員証などを見せ改札を抜けるが、中にはホームにとどまる人もいる。旅行者か否かが一目瞭然だ。

「海が見たくなって、インターネットで調べてきました。今度は夜に来て夜景を見たいですね」と話すのは、盛岡在住の大学生。横浜にある実家に帰省中という。

ジャージー姿の女子中学生は、どこか慌てた様子で、携帯電話で話をしている。「浜川崎《はまかわさき》へ行きたかったんですが、電車を間違えました」とのこと。

ホームの先に海芝公園という、海沿いの小さな公園があり、こちらは自由に出入りできる。

花壇のわきに置かれたベンチに座り、しばらく海を眺めて過ごした。都心からわずかの乗車で、これほど〝旅情〟を感じられる駅は、海芝浦駅をおいて他にない。

久里浜駅【くりはま】
三浦半島の南端にあるレトロ駅舎

都市型　海浜型

【観光度】★★★★☆
【哀愁度】★★★☆☆
【到着困難度】★☆☆☆☆
【路線】ＪＲ横須賀線
【所在地】神奈川県横須賀市
【開業】昭和19年（１９４４）４月１日
【交通】横浜駅から１時間
【付近の名所】久里浜港、ペリー記念館

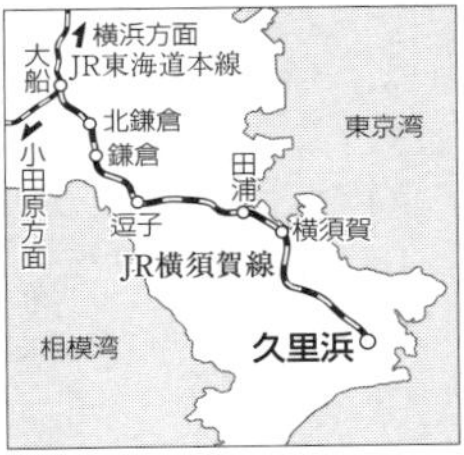

東京駅地下で総武線快速と直通運転を行っている通称「横須賀線」。その起点は東京駅と思われがちだが、正式には大船《おおふな》駅が起点である。

大船駅は5面10線のホームを持つ東海道本線の要衝駅。改札口は南と北に2つあり、北改札は横浜市、南改札は鎌倉市に属する。これはホーム下を、両市の境界である砂押川《すなおしがわ》が横切っているためだ。駅長室は南改札（鎌倉市側）にあるため、駅の所在は鎌倉市である。

大船駅を出発し、東海道本線と分かれると、にわかにローカル線の風情となる。鎌倉、逗子《ずし》を過ぎ、トンネルをいくつかくぐり田浦《たうら》駅に着く。途中の横須賀駅までの開業は明治22年（1889）と古く、レンガ造りのトンネルに、その歴史が感じられる。

田浦駅の島式ホームは、大船寄りの田浦トンネル（全長94メートル）と、久里浜寄りの七釜《しっかま》トンネル（96メートル）に挟まれている。11両編成の列車は、上下とも先頭車と2両目のいちばん前のドアがトンネル内に停車し、そこだけドアの開閉はない。

左手に、自衛隊の灰色の艦船が浮かぶ横須賀港が見え、横須賀駅に到着。明治中期の開業から約半世紀の間、当駅は横須賀線の終着駅であった。現在の駅舎は昭和15年（1940）の建造で、洋風のレトロなたたずまい。ホームを覆う屋根の柱には、明治時代の外国製の古レールが使用されている。最も古いものは明治18年（1885）のドイツ製で、レールの柱にその案内が掲げて

千葉方面への快速列車の始発駅

ある。

大船駅から30分ほどで、終点の久里浜駅に到着。ここは三浦半島のほぼ先端に位置し、黒船のペリーが上陸した浦賀《うらが》にも近い。南寄りに改札があり、島式のホームと跨線橋で結ばれる。

2階建ての駅舎は古く、どこかレトロな外観だ。駅前広場には広大な花壇があり、赤やピンクのチューリップが一面に咲いていた。ロータリーのバス停からは、浦賀などへ行くバスが発着するが、人影はまばらだ。駅の向かいには、駅前広場を見下ろすように、京浜急行久里浜線の高架橋が横切る。京急久里浜駅へは徒歩5分で、そちらの駅前には飲食店などの商業施設が立ち、JR駅にくらべはるかに賑やかだ。京浜急行はここが終点ではなく、さらに南下し、浦賀や三崎口《みさきぐち》まで延びている。

久里浜〜金谷（千葉県）間を結ぶ東京湾フェリー

「昔とくらべ、京急の方はずいぶん変わりましたよ」と、散歩をしていた老夫婦が教えてくれる。「私らがここに引っ越してきたのは44年前ですが、そのころはあの山のあたりに家はほとんどなく、自然のままの緑の山でした」。夫婦が指さした東側の丘陵地は、今は住宅が密集している。周辺は住宅やマンションが多く、東京のベッドタウンの雰囲気もある。ここから横浜駅まで、ＪＲなら１時間かかるが、京急ならわずか35分。運賃も４割ほど安い。

「昔から変わらないのは、ＪＲの駅だけです」

ＪＲ久里浜駅前には、町の変遷を見守るかのように、高さ20メートルもあるプラタナスの巨木が立っていた。

強羅駅【ごうら】
日本一の登山鉄道の終点

山麓型

【観光度】★★★★★
【哀愁度】★★☆☆☆
【到着困難度】★★★★☆
【路線】箱根登山鉄道
【所在地】神奈川県足柄下郡箱根町
【開業】大正8年（1919）6月1日
【交通】小田原駅から1時間
【付近の名所】強羅公園

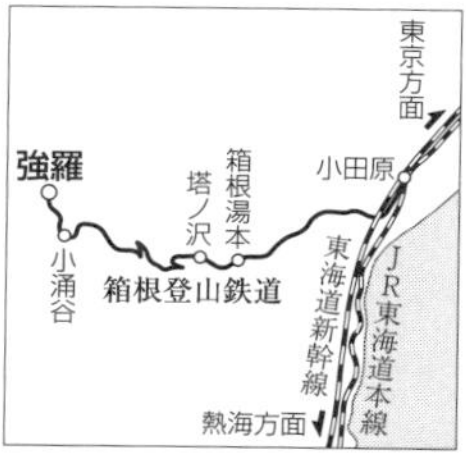

箱根登山鉄道は、大正時代に敷かれた由緒ある路線。小田原駅から箱根の外輪山を越え、箱根山中腹の強羅駅まで、3カ所のスイッチバックを経て、日本一の急勾配を登っていく。

箱根湯本駅から本格的な山岳区間となる。3番線の強羅行きホームに停車していたのは、昭和25年(1950)製造の電車モハ1形2両編成。運転席はアナログ機器が並びレトロな雰囲気だ。

唱歌「箱根八里」のメロディーをあとに箱根湯本駅を出発すると、助走区間もなく、いきなり80パーミルの急勾配に取りついた。まるで飛行機の離陸時のように、湯本の旅館街がみるみる眼下に下りていく。80パーミルは、ラック式ではない一般の鉄道では日本一の傾斜角だ。3両編成の場合、列車の前と後ろで3・6メートルの高低差ができる。かつて国鉄の最急勾配であった碓氷峠(横川〜軽井沢)ですら、66・7パーミルであった。80パーミル区間は箱根湯本〜強羅間に計6カ所あり、同区間のほぼ半分を占める。まさに「登山」をしている感覚だ。

短いトンネルをいくつか通過。古くに開通した鉄道だけあって、沿線に長いトンネルはない。坑口は苔の生えた石組みで、長い歴史を感じさせる。床下でうなるモーター音がトンネル内に反響し、車輪がレールをとらえるゴリゴリという感触が伝わる。まるで鉱山鉄道の趣である。

次の塔ノ沢《とうのさわ》駅で途中下車。両側をトンネルに挟まれた谷間にあり、湯本の賑わいが嘘のような静けさだ。ホームに降り立つと、下を流れる沢の音だけが聞こえてくる。

3カ所あるスイッチバックで高度を上げる

上りホームのわきに、鳥居のある深沢銭洗弁財天《ふかざわぜにあらいべんざいてん》があり、ホームから直接お参りすることができる。駅員の姿はなく、下りホームのわきに「しのや」という小さな土産物店が営業していた。

「昔はこのホーム一面に、アジサイが植えられていましたよ。ホームの拡張工事をしてから、半分ほどに減りましたが」

店の前で花壇の手入れをしていた、「しのや」のご主人が教えてくれる。塔ノ沢駅は平成5年（1993）に、電車の編成を2両から3両にするため、ホームが延長し拡張された。以前の「しのや」は、現在のホーム部分まで建物があり、かつては夫婦でそこに住んでいたが、ホーム延長のため住居部分を取り壊したという。今は小田原在住とのこと。

「夫婦で交代して、毎日ここに通っていますよ。店のこともありますが、弁財天の掃除のためです。あそこは毎日神様が降りてきますので」

かつての自宅が、今はホームになっているというのは、複雑な思いだろう。しかし夫婦は駅の清掃・管理もしており、すべてボランティアで尽力している。このような地元の方の協力により、登山鉄道は守られているのだと思う。

小涌谷《こわきだに》駅を出ると、線路はようやく水平となった。右手に「箱根彫刻の森美術館」の広い敷地が見え、やがて終点の強羅駅に到着。下車した乗客の多くは、ホーム内で直角に交わる早雲山《そううんざん》行

駅内は観光客で賑わう

きケーブルカーに乗り換える。早雲山からさらにロープウェイを乗り継ぎ、芦ノ湖へ至る行程は、箱根観光のメインルートである。

東側には、山頂付近に「大」の文字が描かれた明星ヶ岳の眺めがいい。ここは毎年8月16日に、大正時代から続く箱根の伝統行事、「大文字焼」が行われるところ。「文字」の太さは約7メートル、大きさは100メートル以上あるという。

箱根登山鉄道は昭和54年（1979）に、スイスのレーティッシュ鉄道と姉妹鉄道提携を結んでいる。改札口付近には、スイスから贈られたアルプホルンやカウベル（鐘）が飾られていた。駅舎もどこかスイスを思わせるログハウス風の建物。駅前は土産物屋が軒を連ね、温泉観光地らしい雰囲気であった。

強羅駅の標高は553メートル。小田原の乗車時とくらべると気温はかなり低い。所要わずか1時間で、500メートル以上も高度を上げたことになる。「天下の険」を駆け登る小さな赤い電車は、まさに日本一の登山電車である。

昭和30年代製造の古い車両が走っている

大雄山駅【だいゆうざん】
金太郎の故郷はここだった

山麓型

【観光度】★★★★☆
【哀愁度】★★★☆☆
【到着困難度】★★★☆☆
【路線】伊豆箱根鉄道　大雄山線
【所在地】神奈川県南足柄市
【開業】大正14年（1925）10月15日
【交通】小田原駅から20分
【付近の名所】大雄山最乗寺、金時山

ホームと直角方向に駅舎が立つ

伊豆箱根鉄道大雄山線は、小田原駅と箱根山麓の大雄山駅を結ぶ、全長9・6キロのミニ路線。大正末期に大雄山鉄道として開業し、当初から電化され電車が走っていた。

起点の小田原駅は伊豆箱根鉄道のほか、JR東海、JR東日本、小田急、箱根登山鉄道と計5つの鉄道会社が乗り入れる要衝駅で、入線する車両がバラエティーに富んでいる。駅舎は平成15

駅前に立つ金太郎の像

年（２００３）に橋上式に改築。改札口の上に吊るされた、高さ４・５メートル、直径２・５メートルという巨大な小田原提灯《ちょうちん》が迎えてくれる。

列車は小田原駅を出発すると、加速する間もなく、次の緑町《みどりちょう》駅に着く。大雄山線には10の途中駅があり、平均駅間距離は1キロに満たない。新幹線の高架をくぐり北に向かい、酒匂川《さかわがわ》の支流、狩川《かりがわ》に沿って走る。

小田原駅から約20分で、終点の大雄山駅へ。西側に箱根外輪山の明神ヶ岳《みょうじんがたけ》や明星ヶ岳《みょうじょうがたけ》の眺めがいい。沿線随一の名所、大雄山最乗寺《だいゆうざんさいじょうじ》へ向かうバスが駅前から発着している。最乗寺は、関東三十六不動霊場第２番札所。開創６００年を超える曹洞宗《そうとうしゅう》の古刹で、「小田原の道了尊《どうりょうそん》」と呼ばれ親しまれている。大雄山線はもともと、この寺への参詣客輸送の目的で敷かれた路線だ。最乗寺への参道には県天然記念物の杉並木が植えられている。

ここから足柄峠《あしがらとうげ》に向かう矢倉沢往還《やぐらざわおうかん》は、古くからの箱根越え道のひとつ。足柄峠を経て、金太郎（坂田金時《きんとき》）伝説にまつわる金時山へは絶好のハイキングコースとなっている。大雄山駅前には、熊にまたがりマサカリを担いだ金太郎の像が立つ。

第4章

中部編

弥彦駅【やひこ】

彌彦神社の門前駅

山麓型

【観光度】★★★★☆
【哀愁度】★★★☆☆
【到着困難度】★★★☆☆
【路線】ＪＲ弥彦線
【所在地】新潟県西蒲原郡弥彦村
【開業】大正５年（１９１６）10月16日
【交通】東三条駅から35分
【付近の名所】彌彦神社、弥彦山

弥彦線は、信越本線の東三条《ひがしさんじょう》駅から北西へ向かい、弥彦山《やひこさん》のふもとの弥彦駅へ至るローカル線。東三条駅を出て信越本線と分かれると、新潟らしい広大な田園風景の中を走る。燕三条《つばめさんじょう》駅で上越新幹線と交差し、吉田駅で越後線と接続。全線が越後平野を行くため勾配はほとんどない。しかし終点の弥彦駅に着く直前だけは、弥彦山の山麓域に入るため、なだらかな登り坂となる。

社殿風駅舎の弥彦駅。正月には注連縄《しめ》が飾られる

終点の弥彦駅は、越後一ノ宮の彌彦《いやひこ》神社の参詣駅。社殿風の駅舎が立ち、駅前に観光案内所と、お清めのための手水《ちょうず》がある。線路もホーム1本のみで、ホームの50メートル先に車止めがある。線路わきには桜並木があり、開花時期は参拝客だけでなく、大勢の花見客で賑わう。

駅の開業は大正初期。弥彦線はもともと、旧越後鉄道により彌彦神社の参宮線として敷かれた路線だ。駅から神社までは徒歩15分。温泉街でもある駅前から、旅館や土産物屋が並ぶ坂道を登っていく。

車止めはホームの先で草に埋もれていた

彌彦神社は弥彦山の裾野に位置し、弥彦山全体を神域とする。社殿は明治45年（１９１２）の火災により焼失し、大正５年（１９１６）に再建されたもの。社殿左手の万葉道は、背後にそびえる弥彦山の登山道へと続く。標高６３８メートルの山頂へはロープウェイも通じており、日本海や佐渡島まで望む絶景が得られる。

弥彦村には、昭和57年（１９８２）の上越新幹線開通を記念して立てられた、高さ30メートルの大鳥居がある。上の額の大きさは畳12枚分もあり、弥彦のシンボルとなっている。

ガーラ湯沢駅【がーらゆざわ】

冬季のみ営業のスキー場前駅

山麓型

【観光度】★★★★☆
【哀愁度】★☆☆☆☆
【到着困難度】★★★★☆
【路線】上越新幹線　支線
【所在地】新潟県南魚沼郡湯沢町
【開業】平成2年（1990）12月20日
【交通】越後湯沢駅から3分
【付近の名所】ガーラ湯沢スキー場、越後湯沢温泉街

ガーラ湯沢駅は、上越新幹線の越後湯沢駅から分岐する支線の終点である。スキーシーズンのみ営業する臨時駅で、東京駅から新幹線「たにがわ」が直通運転している。

在来線を越後湯沢駅で下車し、東京から来たガーラ湯沢行きの新幹線に乗り換える。到着した列車は温泉客やスキー客でほぼ満員。多くは越後湯沢駅で下車するが、乗客のうち2割ほどは、

駅にはスキー場の施設や温泉が併設されている

ホームの目の前がスキー場

終点のガーラ湯沢駅まで行くようだ。越後湯沢〜ガーラ湯沢間の距離は1・8キロ。スキー場の無料シャトルバスも走っているが、鉄道の方が時刻も正確だし速い。この区間だけなら特急料金は100円と安いため、ここからスノーボードを抱えて乗り込む人も多い。

「たにがわ」は越後湯沢駅を出ると、徐行運転のまましばらく本線と並走し、3分ほどで終点のガーラ湯沢駅に着いた。駅は山の中腹にあり、湯沢の温泉街が遠く眼下に望める。ホームの先に車止めがあるのは、「新幹線駅」では珍しい光景だ。

ここはもともと新幹線の車庫であったが、JR東日本が運営する「ガーラ湯沢スキー場」の隣接駅として、バブル期の平成2年（1990）12月に開業。「東京から75分でゲレンデへ」のキャッチフレーズで、首都圏から手軽に行けるスキー場として人気がある。

改札口を出たところがスキーセンターになっており、飲食店や土産物屋、スキーレンタル店などがある。列車を降りてからゲレンデに続くゴンドラ乗り場まで、わずか3分という便利さだ。温泉の町だけあって、「ガーラの湯」という温泉施設も併設。東京へ帰る前に、ここでひと汗流す人も多いようである。

宇奈月温泉駅【うなづきおんせん】

黒部川上流の温泉街

【観光度】★★★★★
【哀愁度】★★★☆☆
【到着困難度】★★★☆☆
【路線】富山地方鉄道 本線
【所在地】富山県黒部市
【開業】大正12年（1923）11月21日
【交通】電鉄富山駅から1時間30分
【付近の名所】宇奈月ダム、うなづき湖

山麓型

宇奈月温泉は、北アルプス山麓の、黒部川《くろべがわ》沿いに開けた温泉地。大正時代に始まった黒部川の電源開発にともない、その基地として発展していった。渓谷沿いに旅館や保養施設が軒を連ね、四季折々の豊かな自然が感じられる。

宇奈月温泉へは富山や魚津《うおづ》から、富山地方鉄道が敷かれている。魚津駅からの所要は特急で約

駅前の温泉噴水は宇奈月温泉のシンボル

30分。利便性もよく、富山県随一の温泉郷として人気がある。山間部ではあるが、日本海にも近いため、海と山の両方の味覚が楽しめるのも魅力のひとつだ。

温泉街の中心に位置する宇奈月温泉駅は、大正12年（１９２３）に開業。駅前の「温泉噴水」は、宇奈月温泉のシンボルでもあり、60度の豊富な天然温泉が勢いよく噴き出している。宇奈月温泉の湯は、黒部川を７キロほど遡《さかのぼ》った山奥（黒薙《くろなぎ》地区）から引湯しており、「美肌の湯」としても知られる。

駅は宇奈月温泉街の中心部にある

　駅を出て山側に１００メートルほど行くと、黒部峡谷鉄道の起点である、宇奈月駅がある。紅葉などのシーズン中は、この鉄道でさらに山奥に分け入り、黒部峡谷を楽しむ観光客が多い。

　黒部川の少し上流部には、平成13年（２００１）に完成した宇奈月ダムと、それによってできた「うなづき湖」がある。温泉街から湖まで、所要30分ほどの遊歩道が整備され、散策にはうってつけである（冬季は閉鎖）。

欅平駅【けやきだいら】
秘境感満点のトロッコ列車の終点

【観光度】★★★★★
【哀愁度】★★★★☆
【到着困難度】★★★★★
【路線】黒部峡谷鉄道
【所在地】富山県黒部市
【開業】昭和28年（1953）11月16日
【交通】宇奈月駅から1時間20分
【付近の名所】猿飛峡、名剣温泉

山麓型

富山県東部の宇奈月温泉から、北アルプスの山奥に分け入る黒部峡谷鉄道は、全長20・1キロ。春から秋にかけて（4月中旬~11月下旬）のみ営業する季節限定路線である。もともとは黒部ダム建設の資材運搬用に敷かれた鉄道だが、北アルプスの登山者などからの要望があり、のちに旅客も利用できるようになった。近年はトロッコ列車が1日約20往復する、人気の観光路線である。

森閑とした山奥にある欅平駅。周囲に民家は一軒もない

列車は終始、黒部川の峡谷に沿って走る。ブルーの湖面が印象的な「うなづき湖」や、両岸が切り立った渓谷風景など、絶景の車窓が展開する。沿線に人家はほとんどなく、一般の乗客が乗り降りできるのは、起点の宇奈月、黒薙、鐘釣《かねつり》、終点の欅平の4駅のみ。各駅の付近には秘境めいた温泉があり、それぞれ見事な渓谷美が楽しめる。

終点の欅平駅の標高は599メートル。駅舎内には展望食堂や、イワナ骨酒《こつざけ》などの名産品を売る土産物店があり、観光客で賑わっている。駅を出ると、そこは黒部峡谷の展望台だ。付近の景勝地「人喰岩《ひとくいいわ》」は、垂直に近い峡谷の岩盤をえぐってつくられた道。まるで岩が人を呑み込むようで、その迫力に圧倒される。

特別天然記念物の猿飛峡《さるとびきょう》は、欅平駅から渓谷沿いの遊歩道を徒歩20分。黒部川はこのあたりで最も川幅がせばまり、猿が対岸に飛び渡ったことからこの名が付いた。眼下を流れる黒部川の水は澄み切っており、特に新緑と紅葉の時期は、素晴らしい眺めが堪能できる。

黒部峡谷鉄道の列車の大半はトロッコ車両で運行。黒部峡谷の絶景が楽しめる

穴水駅【あなみず】
かつては分岐駅、今は終着駅

海浜型　廃線型

【観光度】★★★☆☆
【哀愁度】★★★★☆
【到着困難度】★★★★☆
【路線】のと鉄道　七尾線
【所在地】石川県鳳珠郡穴水町
【開業】昭和7年（1932）8月27日
【交通】七尾駅から40分
【付近の名所】穴水大宮、ボラ待ちやぐら

金沢駅から普通列車を乗り継いで約2時間半。列車は波のおだやかな七尾湾《ななお》沿いを走る。このあたりはカキの養殖が盛んで、海のいたるところにカキ棚が立ててある。その対岸には、和倉《わくら》温泉の旅館街がぼんやり見えている。

のと鉄道七尾線の終点、穴水駅に到着すると、「輪島方面へお越しの方は、駅前からバスの連絡

かつては国鉄七尾線と能登線の分岐駅だった

能登地方の伝統的な漁法「ボラ待ちやぐら」

です」とアナウンスが流れる。穴水駅は、以前は終着駅ではなく、三方向に線路が延びる要衝駅であった。かつて七尾線は、さらに北へ延び、漆器や朝市で有名な輪島へ続いていたが、乗客減少のため平成13年（2001）に廃止。一方、穴水駅から東へは「のと鉄道能登線」が、能登半島先端部に近い蛸島《たこじま》まで達していたが、これも平成17年（2005）に、同様の理由で廃止されている。七尾線、能登線とも、以前は国鉄路線であった。

現在はかつての鉄道路線に沿って、代替バスが運行。穴水駅は、穴水町の中心駅であり、奥能登観光の拠点駅でもある。そのためか、JR駅以外では珍しく、みどりの窓口が設置されている。

穴水町は能登半島のほぼ中間に位置する、富山湾に面した漁業の町。地名の由緒は古く、平安時代の歴史書『日本後紀《にほんこうき》』によると、大同3年（808）には、すでに穴水の地名が確認されている。

駅から1キロほど南東に、七尾北湾に面した穴水港がある。海中に丸太で組んだ、高さ8メートルほどの「ボラ待ちやぐら」は、江戸時代から能登地方に伝わる漁法。やぐらの上に座って、海面に仕掛けた網にボラの群れがかかると、網をたぐり上げてそれを捕らえる。のんびりとした奥能登の気風を象徴する伝統漁法である。

氷見駅【ひみ】

寒ブリで有名な富山湾沿岸の漁港町

都市型　海浜型

【観光度】★★★★☆
【哀愁度】★★★☆☆
【到着困難度】★★★☆☆
【路線】ＪＲ氷見線
【所在地】富山県氷見市
【開業】大正元年（１９１２）９月19日
【交通】高岡駅から30分
【付近の名所】氷見魚市場

国鉄時代のディーゼルカーで高岡駅を出発。３駅目の伏木《ふしき》駅付近は、古くから要港として栄えた町。江戸時代は北前船で賑わい、現在は国際貿易港として発展している。伏木駅を出ると、沿線は工場地帯から住宅地に変わる。線路と民家の軒先が近く、いかにもローカル線の風情だ。氷見線の車窓のハイライトは、次の越中国分《えっちゅうこくぶ》駅を出た直後である。右手に海の気配がして、ふ

氷見駅で出発を待つディーゼルカー。高岡や富山への通勤路線でもある

風光明媚な雨晴海岸を走る

いに水平線が現れると、海岸がみるみる車窓にせまる。列車は海に向けて、海岸線に対してほぼ直角方向に進むため、最後はまるで列車が海に飛び出すかのような感覚となる。まるで遊園地のアトラクションのようで、予備知識もなく初めて乗車した人は、思わず声を上げるだろう。このダイナミックな車窓展開は、日本の鉄道車窓の中でも屈指である。

列車はしばらく、雨晴《あまはらし》海岸と呼ばれる風光明媚な海岸線をたどる。日本海では珍しく遠浅の海岸で、磯には大小の岩礁が点在する。越中国分駅を出て約2分後、車窓右側を、高さ5メートルほどの義経《よしつね》岩（雨晴岩）が過ぎる。12世紀末の文治《ぶんじ》年間（1185～1190）に、源義経と弁慶《べんけい》が北陸路から奥州へ落ち延びる途中、弁慶がこの岩を持ち上げ、その陰でにわか雨が晴れるのを待ったという伝説がある。これが「雨晴」という地名の由来だ。

高岡駅から30分で、終点の氷見駅へ。構内は片面ホーム1本と側線が1本。線路はホームの100メートル先で途絶えている。

氷見は能登半島の付け根に位置する、豊かな漁場をひかえた漁港町。特に冬の寒ブリは、氷見の名産品として知られる。天候がよければ、富山湾の対岸に北アルプスの山々が望める。

湯田中駅【ゆだなか】

標高600メートルの温泉街

山麓型

【観光度】★★★★★
【哀愁度】★★★★☆
【到着困難度】★★★☆☆
【路線】長野電鉄　長野線
【所在地】長野県下高井郡山ノ内町
【開業】昭和2年（1927）4月28日
【交通】長野駅から45分
【付近の名所】湯田中温泉、渋温泉

JR長野駅の地下にある、長野電鉄長野駅を出発。車両はかつて地下鉄日比谷線を走っていた3500系電車で、銘板を見ると、製造は昭和38年（1963）とある。吊り革の多さが地下鉄時代を彷彿させる。

4駅目の本郷《ほんごう》駅で地上に出る。最盛期を迎えたリンゴ畑のわきを走り、素朴な無人駅にひとつずつ停車していく。駅間距離が短いのは、いかにも地方民鉄らしい

桐原《きりはら》駅で途中下車。古い木造駅舎が立っており、周囲ののどかな風景に溶け込んでいる。車両や駅舎が次々に一新される昨今の鉄道事情の中で、昔ながらの趣のある鉄道情緒にひたれるのが、長野電鉄の大きな魅力でもある。

「駅舎は大正15年（1926）の開業以来のものです。写真を撮りにくる人もよくいますよ。最近、地元の若い人たちから、駅舎の保存運動をしたいという声が出ていて、うれしいことです」と駅員は話す。無機質なコンクリートとは対照的に、木の質感というのは深層意識のどこかで、人に安らぎを与えているような気がする。

小布施《おぶせ》は沿線随一の観光地。見晴らしのよいホームから、ずんぐりとした山容の斑尾山《まだらおやま》の眺めがいい。斑尾山は、唱歌「ふるさと」の、「うさぎ追いしかの山」という歌詞のモデルになった山といわれている。作詞者の高野辰之《たつゆき》は、近隣の中野市（旧・豊田村）の出身である。

昭和30年代に製造された2000系

かつて長野電鉄河東《かとう》線が分岐した信州中野駅を出ると、30パーミル前後の登り勾配となった。急勾配は7・6キロ先の湯田中駅まで延々と続き、一気に230メートルも高度を上げる。しだいに信州の山並みが、車窓間近にせまってくる。

終点の湯田中駅に到着。駅の標高は、長野電鉄で最高の599メートル。かつては変則的なスイッチバック（つづら折り状の線路）があったが、平成18年（2006）に廃止された。駅はほぼ平坦地にあるが、湯田中駅の直前は40パーミルの急勾配で、ホームから長野方面を見ると、まるでジェットコースターのように、線路が急角度で下っている。

駅周辺は旅館街が広がり、いかにも温泉観光駅の雰囲気。ここから渋《しぶ》温泉など、近隣の温泉郷へ行くバスが多く出ている。昭和57年（1982）までは、急行

駅前は湯田中温泉街

湯田中駅は標高599メートル

「志賀」など上野発の夜行列車が、この駅まで直通運転しており、当時は多くの温泉客やスキー客で賑わった。

　駅舎は古いコンクリート造りの2階建てで、「昭和」の気配が濃厚だ。当駅舎は2代目で、駅の裏手に、昭和初期に建てられた初代駅舎が現存している。平成15年（2003）に、「楓《かえで》の湯」という日帰り温泉施設が駅裏に開設。休憩所からはホームや電車を見ることができる。温泉施設に隣接する初代湯田中駅舎は、改修され、ギャラリー「楓の館」として利用されている。

　湯田中駅はまた、白根火山や志賀高原への玄関駅でもある。駅名は一時、「志賀高原駅」への改称が検討されたが、地元の温泉組合の反対などで、白紙に戻された経緯がある。

新島々駅【しんしましま】
上高地への連絡駅

山麓型　廃線型

【観光度】★★★★☆
【哀愁度】★★★☆☆
【到着困難度】★★★☆☆
【路線】アルピコ交通　上高地線
【所在地】長野県松本市
【開業】大正11年（1922）9月26日
【交通】松本駅から30分
【付近の名所】上高地

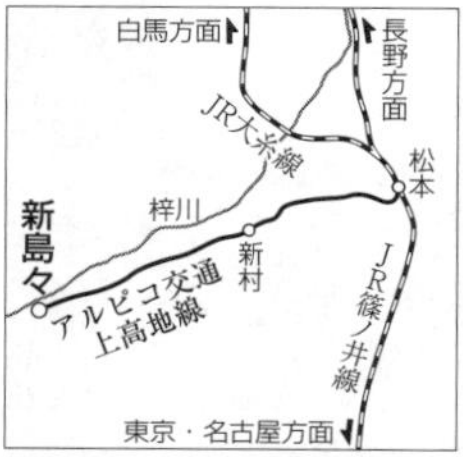

アルピコ交通上高地《かみこうち》線は、信州の松本駅から北アルプス山麓の新島々駅へ至る、全長14・4キロのローカル線。松本駅のホームは、JR大糸《おおいと》線との共用ホームである。

松本の町をあとにすると、木曽《きそ》に源を発する奈良井川《ならいがわ》を渡り、のどかな安曇野《あずみの》の田園地帯を走る。麦畑のわきの用水路を、アルプスの雪解け水が勢いよく流れている。盆地の先には、常念岳《じょうねんだけ》（2857メートル）をはじめとする北アルプスの山々がそびえる。

やがて左右の山が急速にせまり、松本駅から約30分で、終点の新島々駅に到着。駅前のバスターミナルは広く、ここから上高地や白骨《しらほね》温泉、乗鞍《のりくら》高原へ向かうバスが発着している。シーズン中は登山者やハイカーで賑わうところだ。

駅前に移設され観光案内所として使われる旧島々駅舎

アルピコ交通上高地線の前身である松本電鉄は、もともとは発電所工事の資材輸送のために敷かれた路線で、新島々駅の開業は大正11年（1922）と古い。ここは当初「赤松駅《あかまつえき》」を名乗っていたが、昭和40年代に、駅前にターミナル機能が整備され、現駅名に改称された。

線路はかつて、ここから1・3キロ先の「島々駅」まで延びていた。しかし昭和58年（1983）、台風による土砂崩れで線路の一部が埋没。そのまま末端の区間が廃止され、新島々駅が終着駅となった経緯がある。

廃止された「島々駅舎」は、約90年前に建てられた由緒ある建物で、その後、新島々駅前に移築保存され、現在は観光案内所として利用されている。

かつて島々駅のあった場所へは、歩いて20分くらいなので、訪ねてみることにした。駅を出て国道158号を西へ進む。道路に沿って左側に、廃線跡が並走する。線路はすべて剥がされているが、路盤の跡がかすかに識別できる。小さな沢を渡る箇所では、5メートルほどの錆びた鉄橋が残っていた。その鉄橋の先で、山の斜面が道路までせり出し、そこだけ路盤の跡は消えている。ここが土砂崩れの現場だったのかもしれない。

やがて土地が広くなり、集落が現れた。地元の方に、島々駅跡の所在を尋ねると、

「そこの駐車場にホームがあって、この道路が昔は線路だったんだ」と教えてくれる。

その場所は「山麓島々館」という手打ちそば屋の駐車場で、ホームや路盤などの痕跡は何もなかった。

「駅がなくなって寂しいですね」と言うと、

「でもまあ、バスがたくさん走っとるし、そう不便はないべさ」と言って笑った。

駐車場わきには前渕《まえぶち》というバス停があり、1時間に2本の割合で、新島々駅へバスが出ていた。

別所温泉駅【べっしょおんせん】

真田氏ゆかりの温泉街

山麓型

【観光度】★★★★★
【哀愁度】★★★★☆
【到着困難度】★★★☆☆
【路線】上田電鉄　別所線
【所在地】長野県上田市
【開業】大正10年（1921）6月17日
【交通】上田駅から30分
【付近の名所】別所温泉街

上田電鉄別所線は、長野新幹線・しなの鉄道の上田駅から別所温泉駅まで延びるローカル線。上田電鉄の前身の上田交通は、かつて上田駅を中心に、放射状に多くの鉄道路線が延びていた。しかし昭和30~40年代に相次いで廃止となり、現在はこの別所線を残すのみである。

列車は昭和40年代製造のステンレス製で、もと東急電鉄を走った車両。東急電鉄の創始者である五島慶太《ごとうけいた》は上田市に隣接する青木村の出身であり、上田電鉄（当時は上田温泉電軌）の設立に携わったという縁がある。上田駅を出るとすぐに千曲川《ちくまがわ》を渡り、塩田平《しおだだいら》と呼ばれるのどかな農村風景となる。全長11・6キロの路線に、途中駅が13もあり、平均駅間距離は0・8キロ。列車は時速40キロくらいのスピードでのんびり走る。

ほぼ中間地点の下之郷《しものごう》駅を出ると、すぐ左手に、生島足島神社《いくしまたるしまじんじゃ》の鳥居が見える。この神社には、かつて武田信玄が、川中島での決戦を前に必勝を祈った「願文《がんもん》」や、部下の武将たちに忠誠を誓わせた「起請文《きしょうもん》」が残されており、国の重要文化財に指定されている。

別所線はほぼ片勾配の路線で、進むほどに坂がきつくなる。ブドウ畑を過ぎ、終点のひと駅手前の八木沢《やぎさわ》駅を出ると、最後は40パーミルの急勾配となった。登り切ったところで後方を見ると、はるか遠方眼下に、上田の市街地が見えた。塩田平は雨の少ない地域のため、灌漑用のため池が点在している。

上田駅から約30分で別所温泉駅へ。駅の開業は大正時代で、古い木造駅舎が立っている。開業時は「信濃別所駅」であったが、昭和の初めに現駅名に改称された。

ホームは「コ」の字形で、以前は2面2線だったが、現在使用されているのは駅本屋《えきほんや》（駅舎）側の1線のみ。もう1線はレールが撤去され、ホームは草花が生い茂り、まるで廃駅ホームの気配である。構内にはかつて別所線を走った、昭和3年（1928）製造の旧型電車（5250形）が保存されている。前後の扉の戸袋に楕円形の窓があり、「丸窓電車」と呼ばれ、長年親しまれた車両だ。かつては別所線のシンボル的な存在であった。

駅の窓口業務は、別所温泉観光協会に委託されており、改札口では和装で袴を着用した「観光駅長」が迎えてくれる。駅は別所温泉街の下はずれにあり、線路の車止めの先は、植え込みの土手になっていた。

三方を山に囲まれた別所温泉は、信州で最も古い湯治場で、開湯1200年の歴史を持つ。千曲川の支流の腰巻川《こしまきがわ》が温泉街を流れ、河畔のあちこちに湯気が上がっている。

別所温泉には名刹・古刹も多い。駅から徒歩10分の北向《きたむき》観音堂は、古くから厄除け観音として信仰を集めてきた。長野市の善光寺と向かい合うように、本堂が北を向いていることから、その名が付いた。善光寺とあわせて参拝すると、一層の御利益があるといわれている。そのすぐ北の安楽寺《あんらくじ》は、信州最古の禅寺。境内の奥には、日本で唯一という八角形の三重塔が立つ。

中心街にある、共同温泉浴場の「石湯《いしゆ》」を訪ねた。入浴料は150円。自然の岩を利用した湯船で趣がある。

石湯の玄関前には、「真田幸村公　隠しの湯」という石碑が立っていた。『真田太平記』を著した池波正太郎の筆である。石碑のわきにある飲泉場の源泉は、千曲川に注ぐ源流のひとつ。湯は無色透明で、ほのかに硫黄の香りがした。

使われなくなったホーム。遠方に見えるのが昭和3年（1928）製の丸窓電車

河口湖駅【かわぐちこ】

富士登山の玄関口として六十余年

山麓型

【観光度】★★★★★
【哀愁度】★★★☆☆
【到着困難度】★★★☆☆
【路線】富士急行 河口湖線
【所在地】山梨県南都留郡富士河口湖町
【開業】昭和25年（1950）8月24日
【交通】大月駅から50分
【付近の名所】富士山、河口湖

富士急行は、JR中央本線の大月駅から分岐する、全長26・6キロのローカル鉄道。列車は大《おお》月《つき》駅を出ると、都留《つる》市《し》、三つ峠、富士山（旧・富士吉田）駅を経て、その社名のとおりまっすぐ富士山を目指して西へ向かう。

途中の富士山駅のある富士吉田市は富士山麓の町。ここまでは昭和4年（1929）の開通で、

どこか山小屋風の新しい駅舎

駅前に保存されるモ1形

線路は戦後になって河口湖駅まで延伸した。富士山駅でスイッチバックをして、「富士急ハイランド」のわきを走り、やがて終点の河口湖駅に到着する。

　河口湖駅の開業は昭和25年（1950）。標高は853メートルで、富士急行の最高地点である。河口湖の湖畔までは徒歩5分。ここは富士登山の玄関駅で、富士スバルラインを経て、標高2314メートルの5合目まで、駅前からバスが出ている。西湖《さいこ》、精進湖《しょうじこ》、本栖湖《もとすこ》方面へのバスもあり、シーズン中は多くの観光客で賑わう。

　平成18年（2006）に改築された木造駅舎は丸太を使用したログハウス風で　入り口の柱の土台は、富士山の溶岩を利用している。構内には物産館や喫茶店が併設。駅前広場の一角には、「モ1形」電車が静態保存されている。この車両は、富士急行の前身である「富士山麓電気鉄道」が、昭和4年（1929）の開業時に新造したもので、電気ブレーキや砂まき装置など、急勾配路線ならではの装置が備わっている。レトロな車両の背後には、のびやかに裾野を引く日本一の山が、大きくそびえていた。

伊豆急下田駅【いずきゅうしもだ】

ペリーゆかりの南国リゾート駅

海浜型

【観光度】★★★★★
【哀愁度】★★☆☆☆
【到着困難度】★★★☆☆
【路線】伊豆急行
【所在地】静岡県下田市
【開業】昭和36年（1961）12月10日
【交通】伊東駅から1時間
【付近の名所】下田ロープウェイ、下田海中水族館、長楽寺

駅前はどこか南国の雰囲気

伊豆半島東海岸を走る伊豆急行線は、昭和36年（1961）に開業した観光路線。起点の伊東駅を出発すると、城ヶ崎海岸や、熱川《あたがわ》、河津《かわづ》など、東伊豆の名だたる温泉や観光地が過ぎていく。沿線の海岸地形は険しく、トンネルと勾配が連続し、ときおり海が車窓いっぱいに広がる。

東京駅から特急「踊り子」で約2時間半、終点の伊豆急下田駅に到着。ホームはいわゆる頭端式で、末端部には車輪のモニュメントがある。南伊豆の観光拠点だけあり、駅の構内は広い。

駅の構造は頭端式ホーム

金目鯛《キンメダイ》、アジの開き、ワサビ漬など、下田の名産品を並べた土産処が多くあり、観光客で賑わっていた。駅前にはニッパヤシやワシントニアパーム（ワシントンヤシ）などの樹木が植えられ、南国情緒が感じられる。

天然の良港である下田港は、古くから風待ち港として栄え、海上交通の要地であった。なまこ壁の民家など、江戸時代の面影を伝える古い町並みも残っている。幕末にはペリー率いる黒船艦隊が、下田港に来航。それにちなんで、駅前には黒船をあしらった記念碑が立っている。

駅のすぐ西にそびえる端正な三角形の山は、標高１０８メートルの「下田富士」。ペリーも登頂したというこの山は、巨大なひとつの岩からなり、一岩山《ひといわやま》とも呼ばれている。山頂からは伊豆諸島が一望できる。

井川駅【いかわ】
大井川上流の秘境駅

山麓型

【観光度】★★★★☆
【哀愁度】★★★★★
【到着困難度】★★★★★
【路線】大井川鐵道　井川線
【所在地】静岡県静岡市葵区
【開業】昭和34年（1959）8月1日
【交通】千頭駅から1時間50分
【付近の名所】井川ダム

大井川鐵道は、東海道本線の金谷《かなや》駅から大井川沿いに北上する、全長65キロの山岳路線。お茶の段々畑や、緑豊かな峡谷など、全線にわたり風光明媚な車窓が展開する。昭和51年（1976）に、観光用として蒸気機関車の運転を復活。昭和初期に製造された機関車が、レトロ感に満ちた旧型客車を引いて、新金谷〜千頭《せんず》間を走っている。

山峡にひっそりとたたずむ井川駅舎

軽便鉄道のような小さな機関車が牽引する

ＳＬの終点となる千頭駅から先は、途中に90パーミルという日本一の急勾配があるため、一部の区間は全国でも唯一の「アプト式鉄道」として敷設。軌道の中央部に敷かれた歯形レール（ラックレール）と、車輪の歯車を噛み合わせて登っていく。

寸又峡《すまたきょう》温泉への下車駅である奥泉《おくいずみ》駅を過ぎると、大井川の谷は一層険しくなり、蛇行も激しくなる。峡谷に架かる日本一高い関の沢橋梁（高さ１００メートル）や、ダム湖上にある奥大井湖上駅など、見どころは多い。列車のスピードは時速30キロ前後と遅く、その絶景を堪能できる。鉄道ファンだけでなく、一般の観光客にも人気が高い。

終点の井川駅は、井川ダムのすぐ北側につくられた駅。千頭～井川間はもともと、井川ダムの建設資材を運ぶ目的で敷かれた路線だ。井川の集落から離れているので、駅付近に人家はほとんどないが、シーズン中は登山客などで賑わう。ここからバスで、さらに１時間ほど北上すると、南アルプス主稜線への登山口でもある畑薙《はたなぎ》第一ダムに着く。

三河田原駅【みかわたはら】

田園風景が美しい渥美半島の観光拠点

海浜型　廃線型

【観光度】★★★☆☆
【哀愁度】★★★☆☆
【到着困難度】★★★☆☆
【路線】豊橋鉄道　渥美線
【所在地】愛知県田原市
【開業】大正13年（1924）6月10日
【交通】新豊橋駅から30分
【付近の名所】田原城址、伊良湖岬

豊橋鉄道渥美《あつみ》線は、伊勢湾に突き出た渥美半島をたどるローカル線。全長18キロと長くはないが、かつて計画された渥美半島縦貫鉄道の一部として、大正末期に開業した由緒ある路線だ。

起点の新豊橋駅は、ＪＲ豊橋駅の東側に隣接している。昭和40年代に製造された、もと東急電鉄の車両で出発。しばらく市街地を走り、西へ進路をとると、しだいに田畑が目立つようになっ

三河田原駅で出発を待つ「なのはな号」
（「なのはな号」は１～３月のシーズン中のみ運行）

黄色に彩られた「なのはな号」の車内

た。春先なら沿線に菜の花畑が広がり、車窓風景を鮮やかに彩る。

新豊橋駅から30分ほどで、終点の三河田原駅に到着。渥美線はかつて、ここから3キロ先の黒《くろ》川原《かわばら》駅まで延びていたが、昭和19年（1944）に、第2次世界大戦による資材転用のためレールが撤去された。以来当駅が、渥美線の終着駅となっている。ホームは2本だが、昭和後期までは貨物輸送を行なっていたため構内は広い。

田原市は江戸時代、田原藩1万2000石の藩庁であり、城下町として発展した。駅から徒歩10分のところに、15世紀に築城された田原城址があり、石垣などの遺構が残る。駅舎はそれにちなみ土蔵を模した造りで、「中部の駅百選」に選定されている。

駅前からは、半島突端の伊良湖《いらご》岬へ向かうバスが発着しており、週末などは行楽客の利用も多い。伊良湖からはさらに、伊勢湾を渡り三重県の鳥羽を結ぶフェリーが就航。伊勢方面への最短ルートとしても活用される。

武豊駅【たけとよ】

古参ローカル線の終点駅

海浜型　廃線型

【観光度】★★★☆☆
【哀愁度】★★★☆☆
【到着困難度】★★★☆☆
【路線】ＪＲ武豊線
【所在地】愛知県知多郡武豊町
【開業】明治19年（１８８６）３月１日
【交通】名古屋駅から１時間
【付近の名所】転車台ポケットパーク

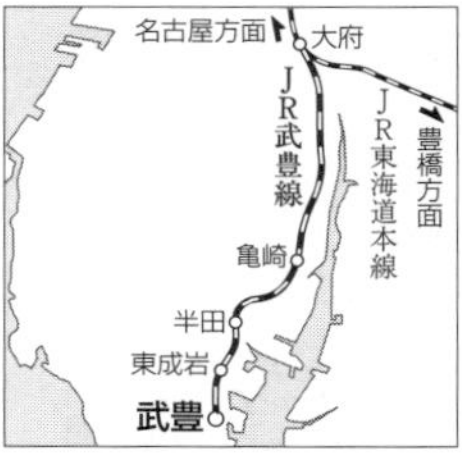

名古屋駅から東海道本線の新快速に乗り、大府《おおぶ》駅で下車。武豊線の2両編成のディーゼルカーに乗り換える。

ＪR武豊線は、愛知県の知多《ちた》半島を南下する、全長19・3キロのローカル線。開業は明治19年（1886）と古い。当時、中山道経由で計画が進められていた幹線鉄道の建設資材を、武豊港から名古屋や岐阜方面へ輸送する目的で建設された。

大府駅を出ると築堤を上がり、東海道本線をオーバークロスする。すぐに非電化単線となり、畑の広がるのどかな景観となった。左手に見える三河地方の低い山並みを除けば、見渡す限り起伏はなく、前方に海の気配が感じられる。

途中の亀崎《かめざき》駅で途中下車をする。亀崎駅の開業は、武豊線の開通と同じ明治19年（1886）3月。当初、名古屋～武豊間の途中駅は、熱田《あつた》（名古屋の3駅手前）、亀崎、半田《はんだ》の3駅のみであった。亀崎駅には、その開業時に建てられた木造駅舎が現存。現役では日本最古の駅舎である。

「駅の形は、私が子どものころからほとんど変わっていないですよ」と、ホームで上り列車を待っていた地元在住のおばあちゃんは言う。

「うちの母は明治42年（1909）生まれですが、母が子どものころは、汽車の時間に合わせて、駅前に人力車が待っていたそうです。駅から浜にある自宅まで、それに乗って行ったという話を

広い側線の跡が残る

よく聞きました」
切符の窓口や待合室は一部改築されているが、外まわりや軒の柱などは、開業当時の面影を残す。駅入り口の柱の建物財産標には、当駅開業の2カ月前にあたる「明治19年1月」の文字があった。
30分後の下り列車に乗車。亀崎駅から15分で、終点の武豊駅に着いた。片面ホーム1本のみで、側線が2本あり、側線跡と思われる空き地もある。かつて構内は、かなり広かったようだ。
武豊は伊勢湾に突き出た知多半島の、東海岸に位置する町。付近は住宅が多いが、駅はひっそりとしている。JR武豊線の500メートルほど西側を、名古屋鉄道の河和線が並走。JR武豊駅から歩いて10分の名鉄知多武豊駅が、武豊町の中心駅として賑わっている。列車本数や所要時間など、名古屋への

古い転車台が公園内に保存される

利便性は名鉄の方に軍配が上がる。

木造平屋の武豊駅を出ると、駅前広場に胸像が立っていた。かつての武豊駅駅手《えきしゅ》（現在の駅務掛）、高橋熙《さとし》氏のものだ。昭和28年（１９５３）９月25日、襲来した台風13号の影響で、武豊町塩田《しおた》地区の護岸堤防が高潮で決壊し、武豊～東成岩《ひがしならわ》間の線路が流失。異変に気づいた高橋駅手は、暴風雨の中、発煙筒を振って列車に危険信号を送った。約１００名の乗客が乗った列車は、東成岩駅まで後退し難を逃れたが、高橋駅手は濁流にのまれ殉職した。

高橋氏の行動は「国鉄職員の鑑《かがみ》」として称賛され、全国の国鉄職員と小中学生の募金により、銅像が建立されたという。

かつて国鉄時代は、武豊駅からさらに１キロ先の武豊港まで、貨物用の線路が敷かれていた。貨物輸送は昭和40年（1965）に廃止されたが、武豊駅から100メートルほどにある線路の車止めの先に、その線路跡と思われる痕跡が続いていた。

しばらくその「廃線跡」をたどると、10分ほどで、「転車台ポケットパーク」という公園に出た。ここは武豊港《たけとよこう》駅跡で、公園の一角に、その由緒を記した石碑が立つ。付近には、かつて蒸気機関車の向きを変えた転車台が、屋根付きで保存されていた。

この転車台は、台の中央部で線路が直角に交差する「直角二線式転車台」というもので、説明板によれば、日本で唯一のものだという。武豊港駅では、SLや貨車の方向を変えるのに、十分な場所を取れなかったため、このような転車台が設置されたとのこと。

途中の亀崎駅は日本最古の駅舎

この場所は、一般公募により通称「回転ポッポ台」と名付けられた。郷土の歴史を伝える貴重な鉄道遺産であり、町の観光名所でもある。

美濃赤坂駅【みのあかさか】

中山道第57番目の宿場町

都市型

【観光度】★★★★☆
【哀愁度】★★★★★
【到着困難度】★★★★☆
【路線】ＪＲ東海道本線　支線
【所在地】岐阜県大垣市
【開業】大正８年（１８１９）８月１日
【交通】大垣駅から７分
【付近の名所】中山道赤坂宿、赤坂港跡

日本一の大幹線である東海道本線には、東京～神戸間の本線のほか、岐阜県の大垣《おおがき》駅から分岐する、全長5キロの支線がある。その通称「美濃赤坂支線」の終点が美濃赤坂駅。東海道本線では唯一の行き止まり終着駅である。

列車は大垣駅を出るとしばらく本線上を走り、やがて右に分かれて単線となる。分岐してすぐのところに、支線唯一の途中駅、荒尾《あらお》駅がある。駅舎はなく、片面ホームのみの無人駅。駅のすぐわきに小学校と古い神社があり、小学校の校庭の一角には「土俵」があった。「本線」では見られないローカル風景である。

大垣駅から7分で、終点の美濃赤坂駅へ。下車したのはビジネスマン風の2人のみ。美濃赤坂支線は、日中は2時間以上も運転間隔があいているが、この乗車率ではやむをえないだろう。

美濃赤坂駅もホーム1本のみの無人駅。周囲は車の通りも少なく、大垣の喧騒が嘘のように静かだ。都市近郊では珍しく、古い木造平屋の駅舎が立っていた。壁も柱も古色蒼然としており、待合室は木の温もりが伝わる。入り口の柱に記された資産標には、開業時の大正8年（1919）の建造とあった。「東海道本線」では最も古い駅舎だろう。待合室の木製ベンチに腰をおろすと、古い映画の中にいるような気分になる。この駅舎のたたずまいは、鉄道遺産の域に達している。

駅前に、町の史跡を紹介した観光案内板が立っていた。赤坂の町は中山道が通っており、江戸から数えて57番目の宿場町、赤坂宿のあったところ。案内板によると史跡の多くは、駅から歩いて行ける距離にあるようだ。

駅を背にして北へ300メートルほど歩くと、幅5メートルほどの中山道に出た。本陣跡や古い道標、板張りの民家などが、街道時代の面影を偲ばせる。

中山道を東へ向かってしばらく歩くと、美濃赤坂駅から延びる貨物線を横切る。この線は西濃《せいのう》鉄道の市橋《いちはし》線で、今も近くの山で採れた石灰石を、貨物列車が運んでいる。その踏切のわきに、「赤坂本町《ほんまち》駅跡」という石碑が立っていた。近所の住人によると、かつてここに西濃鉄道の駅があったという。以前は旅客輸送もしており、美濃赤坂駅で東海道本線に接続していたそうだ。

「駅があったのは私が子どものころで、小さなホームひとつだけだったと思います。1両だけのガソリンカーが走っていて、いつも混んでいました。戦争中はこの駅から、出征の兵士を多く送り出したことを覚えています」

さらに東へ歩くと、揖斐川《いびがわ》の支流、幅5メートルほどの杭瀬川《くいせがわ》を渡る。この中山道と杭瀬川の交差地点が赤坂港《あかさかみなと》跡で、それを示す古い常夜灯《じょうやとう》が立っていた。赤坂宿は、杭瀬川を行き交う船の発着場として発展した町で、かつてはここに多くの船が往来したという。

赤坂港跡は親水公園として整備されており、その一角に、洋風建築の「赤坂港会館」が立つ。

江戸時代以降、舟運で賑わった赤坂港跡

会館の建物は明治8年（1875）に、中山道と谷汲《たにぐみ》街道の分岐点に建てられた岐阜県警大垣出張所跡で、内部は赤坂港の資料館となっている。

赤坂港会館の職員の方に、話をうかがった。

「この常夜灯は、私が生まれたときからここにあります。昔の杭瀬川には魚がたくさんいて、子どものころはよく河原で遊びました。よくここから屋形船に乗って、下流の町まで行きましたよ。学校の遠足で、桑名まで潮干狩りに行ったこともあります」

杭瀬川はかつてもっと川幅があり、昭和30年代まで、ここを拠点に屋形船や、石灰石などを運ぶ貨物船が往来していたという。大正から昭和初期にかけてが全盛期で、1日に300艘《そう》の船が往来。下流の揖斐川を下り、河口に近い桑名あたりまで人や物資が運ばれた。

しかし赤坂港の水運も、美濃赤坂支線の開通に加え、

中山道にある赤坂本町駅跡

下流に水門が建設されたこともあり、しだいに衰退していった。たとえ支線であっても、やはり鉄道の開通は、町に大きな影響を与えるようだ。
中山道の近隣の宿場町である垂井《たるい》や関ヶ原にくらべ、多くの史跡が残っているのは、東海道本線の本ルートからはずれたせいかもしれない。

車止めはホームの50メートル先にある

金城ふ頭駅【きんじょうふとう】

「リニア・鉄道館」の最寄り駅

【観光度】★★★☆☆
【哀愁度】★☆☆☆☆
【到着困難度】★★★☆☆
【路線】名古屋臨海高速鉄道　西名古屋港線（あおなみ線）
【所在地】愛知県名古屋市港区
【開業】平成16年（2004）10月6日
【交通】名古屋駅から25分
【付近の名所】リニア・鉄道館、金城埠頭

海浜型

名古屋臨海高速鉄道西名古屋港線（通称あおなみ線）は、名古屋駅から名古屋港南端部の金城ふ頭駅へ至る、全長15・2キロの路線。もともとは国鉄東海道本線の支線で、古くから本線と名古屋港を結ぶ貨物路線として営業していた。その路線を改良して、平成16年（2004）に旅客営業が開始された。

巨大な高架駅の金城ふ頭駅。波をイメージした屋根が特徴的だ

JR名古屋駅に隣接する高架ホームを出発すると、側線が何本も並ぶ名古屋車両区のわきを経て、やがて名古屋市西部の下町を走る。3駅目の荒《あら》子《こ》駅は、戦国武将の前田利家《まえだとしいえ》の生誕地に近く、駅前には利家の騎馬像が立つ。

終点の金城ふ頭駅が近づくと、左手に海が見え、伊勢湾岸自動車道の名港《めいこう》中央大橋（全長1170メートル）が見える。3つの橋で名古屋港を横断する「名港トリトン」のひとつで、海面からの高さが47メートルもある見事な斜張《しゃちょう》橋だ。

リニア・鉄道館はJR東海初の本格的鉄道博物館

金城ふ頭駅は高架駅で、ホームは1面2線。安全対策でホームドアが設置されている。駅近くには「名古屋市国際展示場（ポートメッセなごや）」があり、フリーマーケットやモーターショーなどが開催される日は、多くの利用客で賑わう。しかし駅周辺に住宅はなく、1日の平均乗車人員は1000人余りだ。

平成23年（2011）3月、駅前にJR東海が運営する鉄道ミュージアム「リニア・鉄道館」が開業。鉄道省が製造した木造電車モハ1や、ドクターイエロー（新幹線電気軌道総合試験車）など、計39両の貴重な車両を展示。N700系新幹線の運転シミュレーターや、日本最大面積を誇る鉄道模型ジオラマなど、見どころは多い。

樽見駅【たるみ】

根尾川上流の桜の名所

【観光度】★★★☆☆
【哀愁度】★★★★☆
【到着困難度】★★★★☆
【路線】樽見鉄道
【所在地】岐阜県本巣市
【開業】平成元年（1989）3月25日
【交通】大垣駅から1時間
【付近の名所】地震断層観察館・体験館、うすずみ温泉

山麓型

樽見鉄道は、旧国鉄の樽見線から経営移管されたローカル線。かつてはセメント輸送が盛んであったが、現在は旅客列車のみが走る。車両はすべて、レールバスと呼ばれる1両のみのディーゼルカーだ。

起点の大垣駅を出発すると、2キロほど東海道本線と並走し、やがて左に分かれて北上する。

山間集落にたたずむ樽見駅

円形の駅前広場がある「うすずみふれあいプラザ」

長さ３４５メートルの揖斐川《いびがわ》鉄橋を渡ると、左から支流の根尾川《ねおがわ》が近づき、しだいに山間部に分け入っていく。古い木造駅舎やホームの待合室など、いたるところに国鉄時代の面影を残している。

途中の神海《こうみ》駅は、国鉄時代の終着駅であった。その先は平成になってから延伸された区間で、路盤が新しいため乗り心地がよくなる。

終点のひとつ手前の水鳥《みどり》駅の近くには、地震断層観察館・体験館がある。明治24年（１８９１）の濃《のう》尾《び》地震の際にできた根尾谷断層を掘り下げ、地下から観察できるようにしたものだ。

大垣駅から1時間あまりで、終点の樽見駅に到着。周囲を山に囲まれた静かな集落で、駅員の姿はない。少し前まで、古民家をイメージした趣のある木造駅舎が立っていたが、平成19年（２００７）４月に火事で焼失。その翌年、跡地に町の交流施設「うすずみふれあいプラザ」が完成し、待合室として利用されている。

樽見は桜の名所である。樽見駅から徒歩15分の淡墨《うすずみ》公園には、高さ17メートル、幹まわりが9メートルにおよぶ淡墨桜がある。継体《けいたい》天皇が植えたと伝えられ、樹齢は約1500年。散り際の花が、淡い墨を引いたような色になることが名の由来で、国の天然記念物に指定されている。

第5章

近畿編

阿下喜駅【あげき】

ナローゲージの終点駅

山麓型

【観光度】★★★☆☆
【哀愁度】★★★★☆
【到着困難度】★★★★☆
【路線】三岐鉄道　北勢線
【所在地】三重県いなべ市
【開業】昭和6年（1931）7月8日
【交通】西桑名駅から1時間
【付近の名所】東林寺、阿下喜温泉

三岐《さんぎ》鉄道北勢《ほくせい》線は、西桑名駅から養老山麓の阿下喜駅へ至る、全長20・4キロの路線。もともとは近鉄の北勢線で、平成15年（2003）に、三岐鉄道に経営移管された。

JR・近鉄の共用駅である桑名駅の東口改札を出て、四日市方面に200メートルほど行くと、三岐鉄道北勢線の起点駅、西桑名駅がある。駅ビルのある桑名駅にくらべ、西桑名駅はこぢんまりとしたローカルな雰囲気だ。停車していたのは、阿下喜行きの3両編成。この北勢線のゲージ（線路幅）は、わずか762ミリしかない。いわゆるナローゲージ（特殊狭軌鉄道）と呼ばれるもので、新幹線のゲージ（1435ミリ）の半分ほどのサイズである。ナローゲージは、かつては多くの軽便鉄道が採用していたが、昭和40年代にそのほとんどが廃止になり、現在日本で営業運転しているのは、北勢線のほか、近鉄の内部《うつべ》線・八王子線と、黒部峡谷鉄道のみである。

線路が狭いだけに、電車の車体幅はわずか2メートルほどしかない。座席はロングシートで、向かいの人と足がぶつかりそうになる。

西桑名駅を出ると、しばらくJR関西本線・近鉄線と並走する。JRのゲージは1067ミリ（狭軌）、近鉄は1435ミリ（標準軌）、そしてこちらの北勢線は762ミリ（ナローゲージ）。ここは3種類の幅の線路が並走する鉄道名所である。異ゲージの鉄道が並走する光景は、鉄道王国のインドなどでは珍しくなく、日本でも2種ゲージなら各地で見られるが、3種ゲージとなると、日本ではここだけだ。北勢線はやがて右に登りながらカーブして、JR・近鉄線をオーバークロスし、西の養老山地に向け進路をとる。車両が小さいため、時速40キロほどでのんびり走る。

「このスピード時代にゆっくり行くっちゅうのも、ぜいたくなもんやな」と話すのは、隣席に座った初老の男性。生まれは北勢線の沿線で、子どものころから、この「軽便鉄道」に親しんできた。今は津市在住で、終点の2駅手前の楚《そ》原《はら》駅近くにある仕事場まで、週に何度か通っているという。

電車の車体幅は約2メートル

「こういう昔の面影を残す親しみやすい電車は、今もうなくなってしまったでなあ。この列車も昔にくらべて乗る人は少なくなったもんや。戦後のころは鈴なりだったんだで。わしも学生のころは、デッキにぶら下がって乗っとった。今よりもっとスピードは遅かったけどな……」

このあたりの人々の言葉は、関西弁に名古屋弁を少し混ぜたような独特の方言だ。隣席氏と話し込んでいるうち、いつしか市街地が途切れ、水田が目立つようになっ

西桑名駅を出発すると、3種ゲージの並走区間を行く

た。養老山地の山肌が近くに見えてくる。

西桑名駅から約1時間で、養老山地の山麓にある阿下喜駅に到着。ホームから、三重・滋賀県境にある藤原岳（1120メートル）の眺めがいい。かつては三角屋根の古びた木造駅舎があったが、平成18年（2006）に新駅舎が建てられた。旧駅舎と旧ホームがあった場所は、現在は駅前広場として整備されている。旧北勢町（現・いなべ市）の役場が置かれた阿下喜の中心街は、駅の北側の河岸段丘の上にあり、駅周辺はひっそりとしている。

ホームは島式の1面2線。駅舎は線路と直角の向きに立ち、ホーム終焉部が改札口につながる。駅前広場からホームへは段差がなく、バリアフリー構造になっている。

駅に隣接して、市民団体により運営される「軽便鉄道博物館」がある（営業は第1・3日曜のみ）。昭和初期製造の軽便電車「モニ226号」や、鉄道模型、パネル写

通路は狭く、遊園地の電車のようだ

真などが展示され、日本では稀少となった現役の軽便鉄道として、その歴史を紹介している。阿下喜駅は昭和6年（1931）に、北勢軽便鉄道の終着駅として開業。その後、三重交通、近鉄、三岐鉄道と、3度も経営社名が変わった。開業当初は蒸気鉄道であり、SL時代には阿下喜駅北西側の車庫に転車台があった。軽便鉄道博物館では、移設されたその転車台も見ることができる。

駅の南に清流の員弁川が流れる。この川の対岸、阿下喜駅から直線距離で2キロほどのところに、同じ三岐鉄道（三岐線）の伊勢《いせ》治田《はった》駅がある。阿下喜の町は江戸時代から人の往来が多く、市が開かれ、商家や旅籠も多かった。昭和初期の鉄道開業当初は、当駅から木材輸送が盛んで、駅に隣接して製材所も置かれた。しかし現在、整然とした駅前に往時の面影を見ることは難しい。

阿下喜には温泉もある。駅から徒歩3分の、「あじさいの里」という温泉施設を訪ねた。PH9・0のアルカリ性の温泉は、温まりやすく湯冷めしにくい特徴がある。温泉かけ流しの岩露天風呂や檜露天風呂に浸かったあと、ふたたびナローゲージの電車に乗り込んだ。

嵐山駅【あらしやま】

ホームの足湯が新名物

都市型　山麓型

【観光度】★★★★★
【哀愁度】★★☆☆☆
【到着困難度】★★☆☆☆
【路線】京福電鉄　嵐山本線
【所在地】京都府京都市右京区
【開業】明治43年（1910）3月25日
【交通】四条大宮駅から22分
【付近の名所】天龍寺、渡月橋

京福電鉄嵐山本線は、京都中心街の四条大宮駅から嵐山駅までの７・２キロの路線。明治43年（１９１０）の開業以来、「嵐電《らんでん》」の愛称で親しまれている。嵐電の沿線には、太秦《うずまさ》、嵯峨《さが》など観光名所が多く、主要駅では沿線の史跡や見どころを記した「嵐電エリアマップ」が無料で入手できる。起点の四条大宮駅は、阪急大宮駅と交差点を挟んで向かい合ったビルの１階にある。しばらく

観光駅らしくホーム幅は広い

は道路併用区間で、電車は車道に敷かれたレールの上を走る。嵐山本線は、京都を走る唯一の「路面電車」としても人気が高い。駅間距離が短いので、動き出してはすぐ次の駅に停車し、電車はのんびりと走る。

20分ほどで、終点の嵐山駅に到着。ここは世界遺産の天龍寺など、多くの史跡や名刹が点在する嵐山の玄関口。「近畿の駅１００選」にも選ばれている。駅の通路沿いには３０００本もの天然青竹が使われ、駅構内とは思えない優雅な雰囲気だ。ホームにはなんと「足湯」があり、大勢の観光客が足を浸していた。近年になって、嵐山の名所、渡月橋《とげつきょう》付近から温泉が湧出し、そのお湯をここに運んでいるという。

京都有数の観光地らしく、駅前通りは観光人力車が行き交い、土産物屋が軒を連ねる。日中は観光客の往来

観光客で賑わう嵐山駅
ホーム上の足湯

が絶えず、制服を着た修学旅行生も多く見かける。嵐山地区には、JR山陰本線や、阪急電鉄にも駅があるが、この「嵐電」の嵐山駅が最も賑やかである。

桜島駅【さくらじま】
安治川の河口から天保山を望む

都市型　海浜型

【観光度】★★★★☆
【哀愁度】★★☆☆☆
【到着困難度】★★☆☆☆
【路線】ＪＲ桜島線（ＪＲゆめ咲線）
【所在地】大阪府大阪市此花区
【開業】明治43年（1910）4月15日
【交通】大阪駅から15分
【付近の名所】天保山、ＵＳＪ（ユニバーサル・スタジオ・ジャパン）

都市近郊型の近代的な駅舎

ＪＲ桜島線は、大阪環状線の西九条《にしくじょう》駅（大阪駅から３駅目）から分岐し、桜島駅までを結ぶ全長４・１キロのミニ路線。「ＪＲゆめ咲線」という愛称が付いている。

桜島駅のひとつ手前のユニバーサルシティ駅は、ＵＳＪ（ユニバーサル・スタジオ・ジャパン）の最寄り駅。そのため朝と夕方以降は通勤客だけでなく、この人気テーマパークを訪れる多くの

「セサミストリート」のラッピング車両

観光客で賑わう。桜島線の列車はすべて、スパイダーマンやセサミストリートなど、USJをPRするラッピング車両となっている。

西九条駅を出た電車は、大阪環状線と分かれて西へ進路をとる。住宅街や工場地帯を走り、約7分で桜島駅に到着。駅舎を出ると、かすかに潮の香りが漂っていた。駅前の道路を隔てて、安治川《あじがわ》の河口があり、その先は大阪湾が広がる。湾の対岸には天保《てんぽう》山《ざん》公園があり、シンボルの大観覧車が遠望できる。

安治川は江戸時代に、諸国の船が大坂へ出入りするために掘削された人工の川。天保2年（1831）に、その川底の浚渫《しゅんせつ》で出た土砂を、河口近くに積み上げてできたのが天保山である。天保山は標高4・5メートルで、「日本一低い山」ともいわれている。

桜島駅から徒歩10分ほどのところに、天保山渡船場がある。この桜島と天保山を結ぶ渡船は、明治38年（１９０５）に開設された古い航路だ。日中は30分に1便の運航で、観光客にも人気がある。

第6章
中国編

若桜駅【わかさ】
木造駅舎とSLの動態保存が名物

山麓型　未成線型

【観光度】★★★☆☆
【哀愁度】★★★★★
【到着困難度】★★★★☆
【路線】若桜鉄道
【所在地】鳥取県八頭郡若桜町
【開業】昭和5年（１９３０）12月1日
【交通】鳥取駅から50分
【付近の名所】若桜神社、若桜駅構内

若桜鉄道は、旧国鉄の若桜線から経営移管された第3セクター鉄道。JR因美《いんび》線の郡家《こおげ》駅から分岐し、中国山地に分け入り、終点の若桜駅までを結ぶ全長19・2キロの路線である。全線非電化で、列車の多くは鳥取方面からの直通運転。編成の短いディーゼルカーがのんびり走っている。

起点の郡家駅を出ると、八東川《はっとうがわ》の谷間を遡り、若桜駅までほぼ登りの片勾配となる。因幡船岡《いなばふなおか》、

昭和時代の古い木造駅舎の若桜駅。
春は桜の名所となる

構内には転車台と蒸気機関車が保存されている

隼《はやぶさ》、安部《あべ》などの途中駅は、国鉄時代からの木造駅舎が健在。これらの古い鉄道施設は平成20年（２００８）に、一括して国の登録有形文化財に指定された。昔ながらの鉄道情緒に触れられる貴重な路線である。

終点の若桜駅は標高２１１メートル。当鉄道で唯一の駅員配置駅だ。築半世紀を超える古い木造駅舎は、若桜鉄道の本社も兼ねている。構内には国鉄時代を彷彿させる転車台と給水塔が現存。当鉄道では近年、兵庫県多可《たか》町《ちょう》よりＣ12形蒸気機関車を譲り受け、動態保存活動を行っている。入構券（大人３００円）を購入すれば運転台などの見学ができ、夏休みなどの多客期はＳＬの復活運転（蒸気ではなく圧縮空気を使用）が行われる。

線路の車止めの先は、兵庫県との県境をなす標高１０００メートル前後の山並みが連なる。旧若桜線は当初、この山地を越えて山陰本線の八鹿《ようか》駅へ至る構想があったが、未完に終わっている。

境港駅【さかいみなと】

山陰地方最古の路線

都市型　海浜型

【観光度】★★★★☆
【哀愁度】★★★☆☆
【到着困難度】★★★☆☆
【路線】ＪＲ境線
【所在地】島根県境港市
【開業】明治35年（１９０２）11月１日
【交通】米子駅から40分
【付近の名所】妖怪神社、水木しげるロード

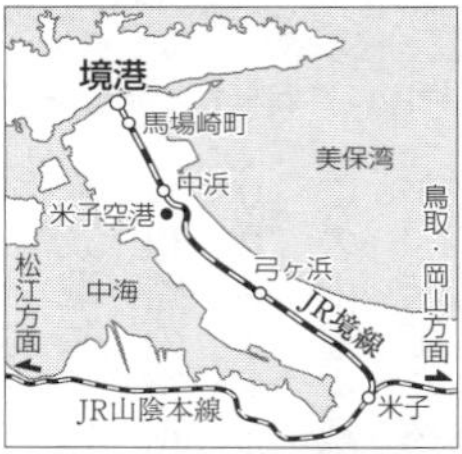

寝台特急「サンライズ出雲」で米子《よなご》駅のホームに降り立つと、整った山容の伯耆大山《ほうきだいせん》が、東側の正面にそびえていた。この山を見ると、山陰へやってきた実感がわく。

境線は鳥取県の西端部、米子駅と境港駅を結ぶ全長17・9キロの路線。山陰地方で最初の鉄道は、明治35年（1902）に、境（現・境港）〜米子〜御来屋《みくりや》間で開業した。山陰のメインルートからははずれてしまったが、境線は100年以上の歴史を持つ由緒ある路線である。

境線の列車が発着するのは米子駅の0番線。このホームの屋根を支える柱には、明治3年（1870）にイギリスで製造された「双頭レール」が使われている。明治3年といえば、日本初の鉄道（新橋〜横浜間）開業時よりも古く、江戸幕府終焉のわずか2年後だ。日本鉄道界の最長老のような存在である。双頭レールというのは、断面が上下対称のレールで、摩耗してもひっくり返して使えるという利点がある。しかし安定が悪いためあまり普及せず、明治中期の米子駅開業時に、駅の建築材料として用いられた。ホームの一角に、その由緒を記した案内板が掲げてある。

境線を走るディーゼルカーは、『ゲゲゲの鬼太郎』の妖怪キャラクターが車両一面に描かれた「鬼太郎列車」。ヘッドライトは「目玉おやじ」になっていた。

米子駅を出ると、弓ケ浜駅、中浜駅と、いかにも海沿いの響きを持つ駅に停車していく。境線の大部分は、中海《なかうみ》と美保《みほ》湾を分かつ弓ヶ浜半島の砂地の上に敷かれている。弓ヶ浜半島は、日野

どこかユーモラスな妖怪神社

川や佐陀川《さだがわ》から流れ出た土砂が堆積してできた砂州状の半島。日本の白砂青松１００選に選定される。黒松林やネギ畑が車窓を過ぎ、大地の色がだんだん白っぽくなる。

「この半島は砂地でできていますので、ネギ畑が多いですよ。直径が3センチもある伯州《はくしゅう》ネギは、このあたりの特産です」と、同じボックス席の地元客が教えてくれる。もっとも今は中国産に押され、作付面積は全盛期の半分以下だとか。

米子駅から40分ほどで、終点の境港駅へ。ホーム1面のみの簡素な駅で、隠岐《おき》諸島行きのフェリーターミナルが駅舎に隣接している。桟橋では1時間後に出航する船が出発の準備をしていた。

幅３００メートルほどの境水道を隔てて、対岸に緑の濃い島根半島が横たわっている。あちらはすでに島根県だ。この半島が天然の防波堤となり、境港は江戸時代以降、日本海を行き交う船の重要な中継地として栄えた。「出雲と伯耆の境の港」これが地名の由来である。

境港は『ゲゲゲの鬼太郎』の作者・水木しげる氏の出身地でもある。駅前から延びる「水木しげるロード」には、『ゲゲゲの鬼太郎』に登場する86体の妖怪ブロンズ像が立ち並ぶ。中心街近くには「妖怪神社」があり、土産物屋では「妖怪グッズ」が売られている。町をあげての「妖怪ワールド化」が功を奏して、近年になり境港を訪れる観光客は増加しているという。

町を散策したあと、境港駅から、直線で敷かれた線路沿いの道を、米子方面へ歩いた。

明治時代に開業した「境駅」は、現在の境港駅より600メートルほど米子寄りにあった。しばらく行くと線路わきに、「山陰鉄道発祥之地」と書かれた立派な石碑が立っていた。付近は閑静な住宅街で、駅のあった面影は何もないが、ここに初代の駅があったことを示す案内板が立ち、静かに歴史を伝えている。

その石碑からさらに3分ほど歩くと、隣の馬場崎町《ばばさきちょう》駅に着いた。境港〜馬場崎町間の営業キロはわずか0・7キロ。片面だけの馬場崎町駅のホームに立つと、灯台を模した境港駅舎と、ホームで出発を待つ鬼太郎列車が遠望できた。

出雲大社前駅【いずもたいしゃまえ】

出雲の国のレトロ駅舎

都市型

【観光度】★★★★★
【哀愁度】★★★☆☆
【到着困難度】★★★☆☆
【路線】一畑電車 大社線
【所在地】島根県出雲市
【開業】昭和5年（1930）2月2日
【交通】松江しんじ湖温泉駅から1時間
【付近の名所】出雲大社、古代出雲歴史博物館

出雲平野や宍道湖《しんじこ》の北岸をたどる一畑電車《いちばたでんしゃ》は、通称「バタ電」と呼ばれ親しまれている。平成22年に放映された映画『RAILWAYS』の舞台になったことでも知られる。

起点の松江しんじ湖温泉駅を出発すると、列車はすぐに宍道湖岸に出る。ここから一畑口駅の先までの約17キロは、ずっと湖の北岸を走り眺めがいい。座席は左側がおすすめだ。

まるで古い映画館のような駅舎は昭和初期の建造

動く鉄道遺産のような古い車両

終点の出雲大社前駅は、文字どおり出雲大社の門前駅。ホームは頭端式の1面2線。駅舎は昭和5年（1930）の開業以来のもので、ステンドグラスの窓がはめこまれ、西洋風のレトロなたたずまいだ。

駅前から北へ延びる参道を10分ほど歩くと、縁結びの神様として有名な出雲大社に出る。参道の途中に立つ大鳥居は、高さ23メートル、柱の周囲6メートルという日本有数の大きさだ。中央の額面は畳6枚分もあるという。

出雲大社の本殿は江戸時代中期の建立で、境内は荘厳な雰囲気だ。神楽殿《かぐらでん》には、太さ約2メートル、重さ5トンという日本一の注連縄《しめなわ》があり、見る者を圧倒する。境内には、古墳時代からの出土品を展示する「古代出雲歴史博物館」もあり、見どころは多い。

出雲大社前駅から、出雲大社とは反対方向に10分ほど歩くと、旧国鉄大社線の終点、大社駅（廃駅）がある。大社線は平成2年（1990）に廃止されたが、大正末期に改築された神殿風の駅舎は残され、国の重要文化財に指定されている。洋風の出雲大社前駅とは対照的に、こちらは純和風建築。かつては大阪からの直通列車もあり、出雲大社への参拝客で賑わった国鉄の終着駅は、現在は町の観光名所のひとつになっている。

宇野駅【うの】

旧宇高航路の連絡駅

都市型　海浜型

【観光度】★★★☆☆
【哀愁度】★★★★☆
【到着困難度】★★★☆☆
【路線】ＪＲ宇野線
【所在地】岡山県玉野市
【開業】明治43年（１９１０）６月12日
【交通】岡山駅から50分
【付近の名所】宇野港

岡山駅を出た宇野線の列車は、しばらく地上10メートルほどの高架橋を走り、車窓から市街地の見晴らしがいい。瀬戸大橋線が分岐する茶屋町《ちゃやまち》駅を出ると、やがて瀬戸大橋線の複線レールが高架のまま右へ折れていく。こちらの宇野線は単線となって地上に降り、一気にローカル線の気配となる。昭和63年（１９８８）の瀬戸大橋の開通以降、四国へのメインルートが「船」から

平成６年の駅移転時に建てられた駅舎

今も宇野～高松を結ぶフェリー

「橋」へと変わったが、この分岐はそれを象徴する光景である。

左手にちらりと瀬戸内海が姿を見せ、終点の宇野駅に着く。ホームに降り立つと、濃厚な潮の香りに包まれる。ここはかつて本州と四国を結んでいた、旧国鉄宇高《うこう》連絡船の起点駅。しかし瀬戸大橋の開通にともない、一般客船の運航は廃止され、単なるローカル線の終着駅となった。

宇高連絡船の就航は、宇野駅の開業と同じ明治43年（１９１０）に始まる。以来およそ80年にわたり、本州から四国へのメインルートとしての役割を果たしてきた。当時の宇野駅は港と直結していたが、駅は平成6年（１９９４）に、１００メートルほど内陸（北側）に移転されている。

かつて連絡船が発着した桟橋付近は、再開発により埋め立てられ、旧駅跡は整然とした駅前広場に一変した。四国へ渡る旅人が賑やかに行き交った、かつての面影はほとんどないが、連絡船が着岸した岸壁の一部が地元の保存会によって残され、当時を偲ぶことができる。

鉄道連絡船は消えたが、宇野港と高松港を結ぶフェリーは今も健在で、民営3社により24時間運航されている。もっともそちらは人よりも、車の需要が多いようである。

海沿いの公園を散策すると、その一角に宇高連絡船の記念碑がひっそりと立っていた。

長門本山駅【ながともとやま】
朝と夕方のみ運行の超過疎路線

海浜型

【観光度】★★☆☆☆
【哀愁度】★★★★★
【到着困難度】★★★★★
【路線】ＪＲ小野田線　支線
【所在地】山口県小野田市
【開業】昭和12年（１９３７）１月21日
【交通】小野田駅から30分
【付近の名所】きららビーチ焼野

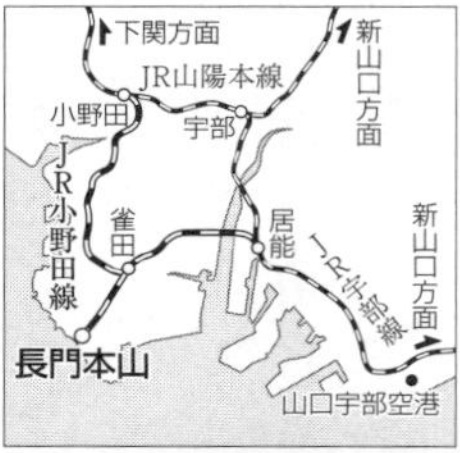

ＪＲ小野田《おのだ》線は、山口県の臨海工業地帯を走るローカル線。山陽本線の小野田駅と宇部《うべ》線の居《い》能《のう》駅を結ぶ「本線」のほか、途中の雀田《すずめだ》駅から分岐する、全長2・3キロの通称「本山支線」がある。その本山支線の終点が、長門本山駅である。

本山支線の列車の運行は朝2本、夕方3本の、計5本しかなく、全国でも有数の過疎路線だ。ＪＲ全線の乗りつぶし派にとっては、中国地方の「聖地」のような場所である（本山支線は平成24年3月の改正から、朝2本、夕方1本の計3本の運行となった）。

雀田駅は本山支線の分岐駅だが、線路の分岐点は雀田駅よりも手前（居能駅寄り）にあるため、ホームは両線に挟まれ三角形の構造をしている。神奈川県にあるＪＲ鶴見線の浅野駅に酷似した構造だ。雀田駅構内の線路わきに、支線の起点を示す0キロポストが立っていた。

16時28分発の長門本山行きは1両のみの単行電車。9時間ぶりの下り列車だが、乗客は高校生2人と、鉄道ファンらしき30代の男性ひとりだけ。路線の存続が心配になる乗車率だ。

雀田駅を出ると、周防灘《すおうなだ》に向かって南西へまっすぐ走り、やがて終点の長門本山駅に着いた。乗車時間はわずか5分。「聖地」にしては、やけにあっけない到着だ。

駅は20メートルほどの短いホームが1本のみ。単行電車にぴったりのサイズだ。かつては駅舎があったが取り壊され、ホーム上にバス停のような小さな待合室が立つ。当駅の1日の平均乗車人員は、ここ数年20人前後で推移している。当然ながら駅員の姿はなく、自動券売機も設置されていない。トイレは懐かしい汲み取り式であった。

ともに下車した女子高生2人は、宇部の高校に通っており、当駅の近所に自宅があるという。この路線の利用客は、ほとんどは高校生だとか。列車の運行が朝と夕方しかないのは、そのせいかもしれない。

「登校や下校時間は、電車の時間に合わせています」とのこと。あまりに本数が少ないので、地元の高校生の中には、雀田駅まで自転車で行き、そこから列車に乗って、宇部や小野田の高校へ通う学生もいるという。ここから2駅先の雀田駅までは、営業キロで2・3キロ。自転車なら10分ほどの距離である。

もうひとり下車した男性は、やはり鉄道ファンらしく、周囲を散策したあと、上り列車で引き返すために戻ってきた。山口県の厚狭《あさ》在住で、休みの日に、よく日帰りか1泊で近場の鉄道旅行に出かけるという。本山支線には、平成15年（2003）3月まで、クモハ42形という国鉄時代の旧型電車が走っていたが、そのサヨナラ列車にも乗車したとのこと。クモハ42形は昭和初期の製造で、JR線最後の営業用旧型電車として本山支線で活躍。かつては当路線のシンボルであり、全国から鉄道ファンが集まった。

ホーム端の20メートル先は海である

ホームのすぐ先に線路の車止めがあり、その先は県道を挟んで海（周防灘）が広がっていた。さまざまな光が点滅する関門海峡が遠くに見える。海岸線は線路と直角方向に延び、まさしくこの路線は、海に遮られるように終焉を迎えている。

「ここは炭鉱の町でした。昭和30年ごろまで、このあたりは炭住《たんじゅう》が立ち並んでいましたよ」

と、犬の散歩をしていた60年配の男性が教えてくれる。付近にはかつて海底炭田があり、当時は駅に集炭所が置かれ、側線も多くあった。炭鉱夫などの利用客で、3両編成の客車はいつも満員だったという。そういえば線路わきには、かつて側線があったと思われる広い空き地がある。ホームの少し雀田側で、線路が不自然にカーブしている箇所があり、そこが側線の分岐点だったのかもしれない。しかし貨物輸送は昭和38年（１９６３）に廃止。現在、当時の賑わいを思わせるものは何も残っていない。男性は学生時代に本山支線を利用していたが、ここ十数年間、列車を利用したことはないそうだ。

駅前の海岸沿いを下関方面へ10分ほど歩くと、「日本の夕陽１００選」にも認定される「きららビーチ焼野《やけの》」がある。瀬戸内海に沈む夕日が見られるところで、海水浴やマリンスポーツができる。春には凧揚げ大会が催されるが、運行時間帯からして、本山支線を観光で利用する人は多くはないだろう。

上り列車が出るのは30分後。それまで国道のわきから、波のおだやかな周防灘を眺めた。沖には関門海峡を行き交う船が見える。しだいに暮れゆく対岸に、北九州の山並みが遠望できた。

仙崎駅【せんざき】

金子みすゞ所縁の観光の町

海浜型

【観光度】★★★★★
【哀愁度】★★★★☆
【到着困難度】★★★★☆
【路線】ＪＲ山陰本線　支線
【所在地】山口県長門市
【開業】昭和5年（1930）5月15日
【交通】長門市駅から3分
【付近の名所】青海島、金子みすゞ記念館

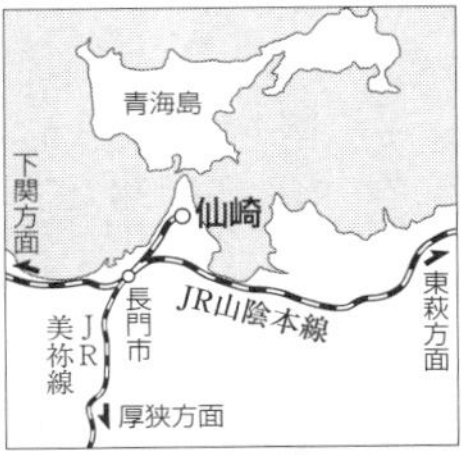

日本一長い山陰本線には、長門市《ながとし》駅から分岐する2・2キロの支線がある。その終点が仙崎駅である。長門市の観光地は北の仙崎や青海島に集中しており、起点の長門市駅前はどこか寂れた印象だ。駅前広場には、蒸気機関車の動輪が保存展示されている。これは本州最後のSLとして、長門市～下関間のサヨナラ列車を牽引した機関車のものである。

仙崎支線はもともと貨物線であったが、地元の要望により、昭和5年（1930）から旅客列車の運行を開始した。運行は1日わずか5往復。長門市を出た単行のディーゼルカーは、まるで廃線跡のような、雑草が茂る単線レールを北東に向けて走り、約3分で終点の仙崎駅に到着した。

片面だけのホームに降り立つと、かすかに潮の香りがする。ホームの30メートルほど先にある線路の車止め付近は、白やピンクのコスモスに一面覆われていた。下車客はわずかで、駅員の姿もなく、構内はひっそりとしている。少ない乗降客の割には、立派な木造平屋の駅舎が立ち、観光案内所が併設されている。

「海上アルプス」と呼ばれる青海島へは、駅近くの観光船乗り場から遊覧船が出ている。波の浸食により形成された断崖、洞門、岩礁などの自然造形美が海から眺められ、休日になると、これを目当てに仙崎を訪れる観光客は多い。もっともその大半は、車やバスの利用客である。

仙崎は終戦後、博多や舞鶴などとともに、海外にいた日本人を帰国させるための引き揚げ港としての役割を担った。終戦から1年間で40万人以上が、ここ仙崎で久しぶりに本国の地を踏んだ。港の近くにはそれを記念する碑が立っている。碑文によると、当時は引き揚げ者のためバラック住宅を建てたが対応しきれず、一般の民家も宿泊先に充てられたという。

引き揚げ者の多くは仙崎駅から汽車に揺られ、それぞれの故郷への帰途についた。現在、駅は利用客も少なく閑散としているが、年季の入ったホームに降り立つと、さまざまな人々が行き交った往時の賑わいが偲ばれる。昭和20年（１９４５）以前に開業した駅には、戦争の時代を経たことによる歴史の重みと、独特の風格が漂っている。

線路の車止めの付近はコスモスが満開であった

仙崎は青海島観光とともに、明治生まれの童謡詩人・金子みすゞの出身地としても知られる。金子みすゞは明治36年（１９０３）生まれ。仙崎や下関に住んで童謡誌などに寄稿し、26歳の若さで他界するまで、多くの作品を残した。没後半世紀が経った昭和57年（1982）、児童文学者の矢崎節夫氏（現・金子みすゞ記念館館長）らにより直筆の手帳3冊が発見され、再び注目を集めることとなる。

仙崎駅から町の中心街へ延びる道は、「みすゞ通り」と呼ばれる。みすゞの詩が綴られた木札が

待合室の壁には、仙崎を訪れた人が書いた木札が張られていた

海岸景勝地が連なる青海島へは仙崎から車で10分

民家の軒下に掲げられ、墓所である遍照寺《へんじょうじ》など、ゆかりの場所が随所にある。通りの中ほどにある「金子みすゞ記念館」は、みすゞが3歳のころから暮らした書店「金子文英堂」の建物を転用。唯一の直筆遺稿である手帳などが展示され、彼女が育った部屋が復元されている。なお金子みすゞの生家については、残された資料の番地が古く、今も謎のままだとか。

記念館の近くには、「馬つなぎ場跡」の碑がある。北前船の寄港地として栄えた仙崎には、古くから商店街があり、地方から馬に乗って買い物に来る人が多かったという。

みすゞ通りを散策して、ふたたび仙崎駅へ。駅前には昔ながらの丸ポストが立つ。板張りの壁や連子格子《れんじこうし》が施された駅舎の外観は、まるで古民家のようで、みすゞが生きていた時代を彷彿させる。

しかし、金子みすゞが仙崎駅から汽車に乗ったことは、一度もなかったはずである。仙崎支線が開業したのは、彼女が亡くなって2カ月後のことであった。

第7章

四国編

高松築港駅【たかまつちっこう】

城址公園内にある「ことでん」の起点駅

【観光度】★★★★☆
【哀愁度】★★☆☆☆
【到着困難度】★★★☆☆
【路線】高松琴平電鉄 琴平線
【所在地】香川県高松市
【開業】昭和23年（1948）12月26日
【交通】JR高松駅から徒歩5分
【付近の名所】サンポート高松、高松城跡

都市型　海浜型

岡山県の宇野港から、瀬戸内海を渡る「本四フェリー」で約1時間。四国の玄関口、高松港に到着する。フェリーターミナルに隣接する「サンポート高松」は、近年再開発された地域で、オフィスビルや合同庁舎、高層マンションが林立している。その近代的なベイエリアの、通りをひとつはさんだ東側に、静かなたたずまいの高松築港駅はある。

駅は高松城跡の玉藻公園内にある

琴平行きの列車が出発を待つ

「ことでん」の愛称で親しまれる高松琴平電鉄《たかまつことひら》は、明治末期に一部開業した歴史の古い鉄道。その琴平線は、金刀比羅宮《ことひらぐう》の玄関口である琴平への参拝路線として開通した。JR高松駅から徒歩５分の場所にある高松築港駅は、国鉄高松駅と琴電沿線のアクセス向上のために開設された駅で、当初は「築港」駅だったが、のちに「高松築港」駅に改称。終着駅というより、金刀比羅詣での起点駅といえる。

駅の施設はすべて、高松城跡につくられた、玉藻《たまも》公園の一角にある。周囲は緑の芝生や庭園が広がり、ホームのすぐ東側には、石垣やお堀が見られる。高松城跡は重要文化財の月見櫓《つきみやぐら》など見どころは多く、高松の名所のひとつである。

鳴門駅【なると】

うず潮観光の拠点駅

【観光度】★★★★☆
【哀愁度】★★★☆☆
【到着困難度】★★★☆☆
【路線】ＪＲ鳴門線
【所在地】徳島県鳴門市
【開業】昭和３年（１９２８）１月18日
【交通】徳島駅から40分
【付近の名所】鳴門のうず潮

海浜型

鳴門駅はホーム１本のみ。駅前から鳴門海峡へのバスが出る

徳島県北東部のＪＲ鳴門線は、池谷《いけのたに》～鳴門間を結ぶ全長8・5キロのローカル線。起点は池谷駅だが、線路は池谷駅の手前（徳島寄り）ですでに分岐しており、両線のホームはV字をなし、ホームは扇状に広がっている。

池谷駅のまわりはハス田が多い。レンコンは鳴門市の特産品のひとつだ。なお鳴門線の7駅は、

鳴門線の起点の池谷駅は、ホームの形状が変則的

すべて鳴門市に属している。

終点の鳴門駅は、島式ホーム１面２線の構造。「うず潮の鳴門へようこそ」と記された標柱がホームに立っている。駅舎は鉄筋コンクリートの平屋建て。駅前にはヤシの並木があり、南国ムードが漂っている。昭和３年（１９２８）の開業時、駅は２００メートルほど池谷寄りにあり、当時は撫養《むや》駅と称していた。のちに鳴門駅に改称され、昭和45年（１９７０）に現在の位置に移転している。

ここは「うず潮」で有名な鳴門海峡への起点駅でもあり、海峡に近い鳴門公園まで、駅前からバスが出ている。鳴門海峡に架かる、全長１６２９メートルの大鳴門橋《おおなるときょう》が開通したのは昭和60年（１９８５）。これにより淡路島と四国が道路で結ばれ、のちの明石海峡大橋の完成により、本州ともつながった。大鳴門橋は、当初は道路と鉄道の併用橋にする予定であったが、途中で計画が変更され、道路専用橋になった。もし鉄道が通っていれば、鳴門線は本州〜四国のメインルートの一部となっていたかもしれない。

鉄道が通るはずだった橋の部分は、現在「渦の道」と呼ばれる歩道になっている。「渦の道」は全長約４５０メートルの遊歩道および展望台で、うず潮を眼下に見ることができる。

宇和島駅【うわじま】
四国最長路線の終焉駅

都市型　海浜型

【観光度】★★★★☆
【哀愁度】★☆☆☆☆
【到着困難度】★★★★☆
【路線】ＪＲ予讃線
【所在地】愛媛県宇和島市
【開業】大正３年（１９１４）10月18日
【交通】松山駅から１時間20分
【付近の名所】宇和島城

特急「しおかぜ」は瀬戸大橋を渡ると進路を西に変え、愛媛県の沿岸部をたどっていく。松山駅を過ぎ南伊予《みなみいよ》地方に入ると、ミカン畑が増え、瀬戸内海の島々を眺めながら走る。

駅前には宇和島名物の闘牛の像がある

岡山駅から4時間ほどで、予讃線の終点、宇和島駅に到着。松山寄りのホーム端には、四国で最長となる高松起点297・3キロポストが立っており、遠路はるばる来たことを実感する。

ホーム先端部は「コ」の字形で、階段を使わずどのホームにも移動できる。駅ビルには、JR四国のホテルグループが運営する「ホテルクレメント宇和島」が併設され、どこか南欧を思わせるモダンな造り。駅前から延びる商店街には、ワシントニアパームの並木が続き、まるで南国リゾートの気配である。

かつて「陸の孤島」といわれていた南伊予地方に、鉄道が開通したのは大正3年（1914）。当時は軽便鉄道で、ドイツ製のコッペル形蒸気機関車が客車を引いて走っていた。駅前には当時の機関車のレプリカが展示されている。

宇和島は闘牛の町でもある。本場スペインのものとは異なり、宇和島の闘牛は牛と牛との闘い。直径20メートルの土俵の上で、1トン近い牛同士が衝突し、迫力満点である。闘牛大会は、駅近くの天満山《てんまやま》にある市営闘牛場で、年に5回開催されている。

宿毛駅【すくも】

四国最南端の「起点駅」

都市型　海浜型　未成線型

【観光度】★★★★☆
【哀愁度】★★★☆☆
【到着困難度】★★★★★
【路線】土佐くろしお鉄道 宿毛線
【所在地】高知県宿毛市
【開業】平成9年（1997）10月1日
【交通】高知駅から2時間
【付近の名所】足摺岬

平成9年（1997）10月1日、「陸の孤島」ともいわれていた高知県西端部の宿毛に、初めて鉄道が開通した。土佐くろしお鉄道宿毛線の宿毛駅は、終着駅にしては珍しい高架駅。鈍行列車が1日11往復、特急が3・5往復（下り4本、上り3本）発着しており、岡山駅から特急「南風《なんぷう》」に乗れば、約5時間で到着する。

駅前広場にコスモスが咲き誇っていた

夕日に染まる高架橋上の宿毛駅

相対式2線2面の真新しいホームからは町の見晴らしがいいが、売店や観光案内所などはなく、いささか殺風景だ。海岸の町らしく、駅舎は「波」をイメージしてつくられた斬新なデザイン。いかにも平成生まれの駅らしい。駅前広場は広く、コスモス畑が彩りを添えていた。

ここから土佐清水《とさしみず》や足摺岬《あしずりみさき》方面へのバスが発着している。また、駅から2キロほどのところに港があり、大分県の佐伯《さいき》へフェリーが就航。豊後《ぶんご》水道を横断する四国〜九州間の連絡船は、所要約3時間で、1日3往復している。

宿毛線（中村〜宿毛間）は、四国の海岸沿いをめぐる循環鉄道の一部として敷設された路線。当初の計画では、宇和島駅を起点として、宇和島〜宿毛〜中村間の路線として進められていた。その関係で宿毛駅は、宿毛線の「終点駅」ではなく、「起点駅」の扱いとなっており、ゼロキロポストも立っている。

奈半利駅【なはり】
土佐湾を望む高架駅

海浜型　未成線型

【観光度】★★★☆☆
【哀愁度】★★☆☆☆
【到着困難度】★★★★☆
【路線】土佐くろしお鉄道　ごめん・なはり線
【所在地】高知県安芸郡奈半利町
【開業】平成14年（2002）7月1日
【交通】高知駅から1時間30分
【付近の名所】中岡慎太郎館、北川温泉

土佐くろしお鉄道の「ごめん・なはり線」は、南《なん》国《ごく》市の後免《ごめん》駅と、高知県東部の奈半利駅を結ぶ、全長42・7キロのローカル線。開業は平成14年（2002）と新しく、将来的には四国循環線の一部とし

列車の車体には各駅のイメージキャラクターが描かれている

て、室戸岬を経由して徳島駅へとつながる構想もある。いかにも「21世紀」の鉄道らしく、沿線は高架区間が多く、雄大な太平洋の眺めが堪能できる。

後免駅から1時間ほどで、終着の奈半利駅に着いた。ホームは1面1線の単純構造。3階部分にあるので見晴らしがいい。駅の2階は町民ギャラリー、1階には新鮮地場野菜を販売する市場や物産館が入っている。

「ごめん・なはり線」を走る列車の車体には、沿線の20駅のイメージでつくった、ユーモラスなキャラクターが描かれている。「アンパンマン」の作者で高知県出身の漫画家、やなせたかし氏によるものだ。奈半利駅前には、「なはりこちゃん」の愛称のついた、大きなキャラクター人形が置かれていた。

南東方向に向けた線路は、ホームのすぐ先で、高架のままぷっつりと途切れていた。ここから室戸岬までは約25キロ。バスで1時間ほどである。

甲浦駅【かんのうら】
全長8・5キロのミニ路線の終点

海浜型　未成線型

【観光度】★★★★☆
【哀愁度】★★★★☆
【到着困難度】★★★★☆
【路線】阿佐海岸鉄道　阿佐東線
【所在地】高知県安芸郡東洋町
【開業】平成4年（1992）3月26日
【交通】徳島駅から2時間
【付近の名所】白浜海水浴場、室戸岬

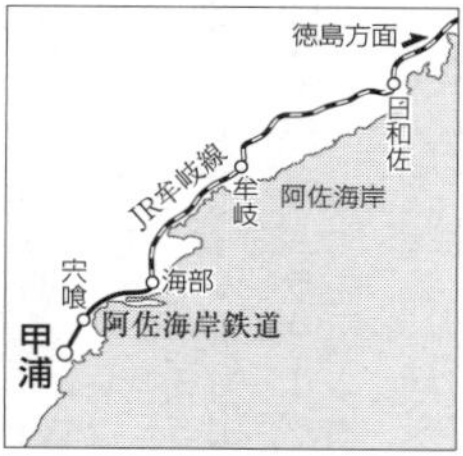

徳島駅からJR牟岐《むぎ》線を南下する。車両は国鉄時代から活躍するキハ47形ディーゼルカー。牟岐線は沿岸路線だが、車窓からあまり海は見えない。阿南《あなん》駅を過ぎるとしだいに山間部に入っていく。

桑野駅、新野《あらたの》駅などは、古い木造駅舎が残る。沿線は木造駅舎の残存率が高い。

「新野は、昔から屋根瓦の産地でした。ここは田んぼを少し掘ると、上質な粘土が出ますよ。盆地で土がいいので、質のいいタケノコもとれます」

と、ボックス席の向かいに座った年配の男性が教えてくれる。今は徳島の在住だが、幼いころ新野に住んでいたという。

「子どものころはよく、この山を越えて海まで行きました。海岸に捨ててあるカキの貝殻を集め、持ち帰って砕いて、鶏の餌にまぜます。カキの殻を食べた鶏は、しっかりした丈夫な卵を産んでくれるんです」

新野駅は小高い山をはさんで、海岸から3キロほど離れており、海の気配はない。昔は魚の行商人が山を越えて新野へやってきて、帰りは米や野菜を担いで帰っていった。

男性が言う「山」というのは、新野駅の東にそびえる、「一升ケ森《いっしょうがもり》」と呼ばれる緑に覆われた山で、標高は173メートル。大昔、津波がこの地を襲ったとき、この山の頂が一升枡《ます》ほどしか残

周囲は静かな集落。西側は山がせまる

らなかったという伝説があり、それが名の由来という。付近はリアス式海岸で、しかも湾がラッパ状に開いており、津波の被害を最も受けやすい地形となっている。

男性は幼いころ、南海地震（昭和21年）を体験しており、当時の話をしてくれた。

「早朝に揺れがあって、家族みんなですぐ外へ避難しました。するとあの山の向こうから、ざわーざわーという津波の音が聞こえてきたんです。そりゃぁ、恐ろしかったですよ」

列車はやがて峠を越え、牟岐線最長の海部《かいふ》トンネル（1732メートル）をくぐる。漁港町の由岐《ゆき》を過ぎると、列車は初めて海沿いをたどる。弓なりの浜辺が広がり、夏季のみ営業の田井ノ浜駅を通過。並走する県道にはヤシの並木があり、南国らしい風景となる。

甲浦駅近くの白浜海岸には野口雨情の文学碑が置かれる

しかしそれも束の間で、木岐《きき》駅を出ると再び山間部に入り、ときに雑木林から伸びた枝やツルが車窓をたたく。徳島駅から南下するにつれ、ローカル風情は増していく。

牟岐線終点の海部駅に到着。高架ホームから町の眺めがいい。構造は2面2線の相対式である。

海部駅を起点とする第3セクター阿佐《あさ》海岸《かいがん》鉄道《てつどう》は、ここからさらに南下し、甲浦駅へ至る全長わずか8・5キロの路線。海部駅の駅名標は、1番線がJR四国、2番線が阿佐海岸鉄道のものとなっている。

ホーム端に立って徳島方面を望むと、100メートルほど先に、山もないのに奇妙なトンネルがある。全長40メートルほどのコンクリート造りで、上部は草が生えている。昭和48年（1973）の開業時には、このトンネルの上には山があったが、宅地造成のため山腹が削られ、現在のような姿になったという。海部駅の「名所」として知られている。

接続する阿佐海岸鉄道の甲浦行きに乗り換える。阿佐海岸鉄道は平成4年（1992）の開業。JR牟岐線とあわせて「阿波《あわ》室戸シーサイドライン」と呼ばれている。かつてJRの特急「うずしお」や「むろと」が乗り入れていた時期もあったが、現在、特急の直通運転はない。

平成生まれの鉄道らしく、大半はトンネルか高架線で踏切はなく、まるで新幹線のようだ。唯一の途中駅である宍喰《ししくい》駅を出ると、県境のトンネルを抜け高知県に入る。トンネルの合間から、砂浜や岩礁などの海岸風景が垣間見える。海部駅から10分ほどで、甲浦駅に到着した。

甲浦駅もやはり高架駅で、到着したワンマンカーのわずか10メートル先で、線路は途絶えていた。地上には立派な駅舎が立っているが、駅員の姿はない。付近には商店もコンビニもなく、ひっそりとした集落と田んぼが広がっている。

駅前から室戸岬まではバスが出ており、所要約50分。当初の計画では、鉄路はさらに室戸岬を経て、土佐くろしお鉄道の奈半利《なはり》駅と結び、四国外周ルートを形成する予定であった。しかし現在は需要が見込まれず、延伸の見通しは立っていない。

山や田畑が広がるのどかな景観の中で、「空中」で途切れるコンクリートの建造物は異彩を放っていた。地方鉄道では珍しい高架の車止めに、室戸岬へ向かう線路の「意志」のようなものを感じる。

第8章

九州編

門司港駅【もじこう】

「九州鉄道」の起点駅

都市型　海浜型

【観光度】★★★★★
【哀愁度】★★★★☆
【到着困難度】★★☆☆☆
【路線】ＪＲ鹿児島本線
【所在地】福岡県北九州市門司区
【開業】明治24年（１８９１）４月１日
【交通】小倉駅から12分
【付近の名所】九州鉄道記念館、門司港レトロエリア

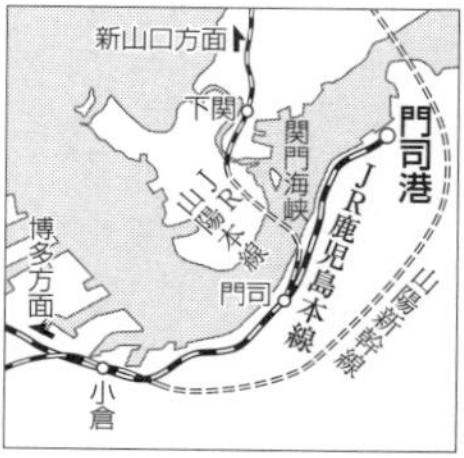

門司港駅は、九州一の大幹線、鹿児島本線の起点駅である。

ホームは2面4線のどこかヨーロッパの主要駅を思わせる頭端式ホームで、レールの末端部には、九州鉄道の起点を表す「０哩標《マイル》」の記念碑と、腕木式信号機が立っていた。「ようこそレトロのまち門司港へ」の看板に迎えられ、改札口を出る。線路と直角方向に立つ駅舎は大正３年（１９１４）の建造。ローマのテルミニ駅をモデルにした、左右対称のネオ・ルネサンス様式の木造駅舎で、まもなく築１００年を迎える。外壁は石張り風のモルタル塗りなので、一見すると石造りのようだ。昭和63年（１９８８）に、鉄道駅舎としては全国で初めて、国の重要文化財に指定された。

駅舎内のレトロな待合室や、開業時から使われる青銅製の手水鉢《ちょうずばち》などが、古い歴史を感じさせる。構内の照明も、アンティークな雰囲気を演出。駅舎そのものが鉄道遺産のようで、この駅自体を目的に訪れる人も多い。

門司港駅は、開業当初の駅名は「門司」であった。対岸の下関とを結ぶ関門《かんもん》連絡船との中継駅であり、長らく九州の玄関口として賑わった。しかし昭和17年（１９４２）に鉄道の関門トンネルが開通すると、本州からの列車はトンネルを通って九州に入り、しだいにその役割を終えていく。本州からのトンネルが鹿児島本線と合流するのは、当時隣駅だった旧「大里《だいり》駅」で、トンネ

レールの先端部に立つ0哩標

ル開通を機に「門司駅」と改称。当初の門司駅は門司港駅と改称された。かつてホームから関門連絡船の桟橋へ延びていた地下通路は、今も一部が保存されている。

駅前には広場があり、中央に大きな噴水がある。駅を出て左手の関門海峡の岸壁から、本州へ渡る道路橋の関門橋が見えた。近くの桟橋（マリンゲート）からは、対岸の下関（唐戸《からと》地区）まで、今も民間の「関門連絡船」が就航している。日中は20分おきの運航なので、かなり需要はあるようだ。

駅の周辺には、明治から大正時代にかけて建てられた歴史的な建造物が多い。近年になって北九州市は、この一帯を「門司港レトロエリア」と名付け、観光スポットとして整備した。門司港駅はそのシンボル的な存在となっている。

駅を出て右手には、平成15年（2003）に開設した

ホームは起・終点駅ならではの頭端式

「九州鉄道記念館」がある。

赤レンガ造りの記念館本館は、門司駅の開業と同時に九州鉄道会社の本社として建てられたもので、資料館として使われている。敷地内には、レール幅45センチ、1周130メートルの専用軌道が敷かれ、「つばめ」や「ゆふいんの森」などを模した、乗車可能な模型車両が走行。分岐器や信号機もあり、実際の列車と同じような運転体験ができる。

この九州鉄道記念館の敷地わきから、沿岸部をたどり2・1キロ先の「関門海峡めかり駅」まで、平成筑豊鉄道が運営する「門司港レトロ観光線」が延びている。平成21年（2009）に開業した観光路線で、かつて鹿児島本線の貨物支線として門司港駅から延びていた廃線跡などを利用したもの。ヘッドマークを付けた観光トロッコ列車「潮風号」が走っている（多客期のみ運行）。

若松駅【わかまつ】
筑豊炭の積み出し港

【観光度】★★★★☆
【哀愁度】★★★★☆
【到着困難度】★★★☆☆
【路線】ＪＲ筑豊本線（若松線）
【所在地】福岡県北九州市若松区
【開業】明治24年（１８９１）8月30日
【交通】小倉駅から40分
【付近の名所】若戸大橋

都市型　海浜型

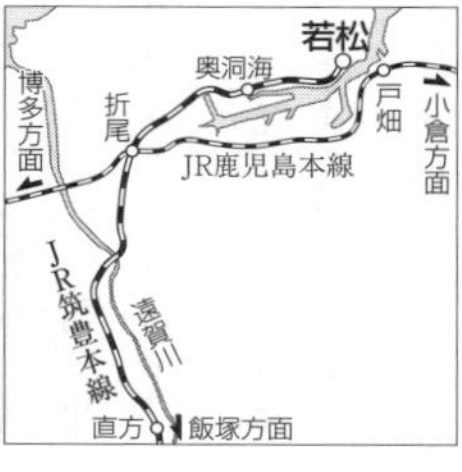

筑豊《ちくほう》本線の若松〜直方《のおがた》間は、明治24年（１８９１）に、筑豊地方の石炭を若松港へ運ぶために敷設された。九州で2番目に古い鉄道路線だ。

鹿児島本線と筑豊本線が交差する折尾《おりお》駅を出ると、洞海湾《どうかいわん》に沿って、北九州の工業地帯を走る。洞海湾は幅数百メートル、長さ10キロほどの袋状の入り江で、戸畑《とばた》、若松、八幡《やはた》の工業地帯に囲まれている。折尾〜若松間は大都市では珍しく非電化で、車両は昭和50年代の国鉄時代製造のディーゼルカーである。

約100年前に製造されたＳＬが、駅前広場に保存されている

折尾駅から18分で、終点の若松駅に着いた。ここは北九州市若松区の中心駅。駅の南東側に、洞海湾の入り口部分に当たる、幅５００メートルほどの運河のような海（若松港）があり、その対岸へ架かる巨大な若戸《わかと》大橋（全長６２７メートル）が見える。

若松駅のホームは1面2線で、海側に側線が1本だけある。若松はかつて日本一の石炭積み出し港であり、駅の構内には石炭車入れ替えのための、広大な操車場があった。昭和30年代後半に始まったエネルギー革命により、石炭の取扱量は年々減少。

若松駅遠景。かつての操車場跡は団地や駐車場になっている

昭和57年（１９８２）、若松駅での貨物の取り扱いはすべて廃止された。石炭搬出の町の玄関口として風格のあった先代駅舎は、昭和59年（１９８４）に解体され、現在はコンクリート平屋の駅舎が立っている。

ホームの海側に広がっていた操車場の跡は、現在は駐車場や団地となり、昔の面影はない。その一角に、「若松操車場跡」の碑が立っていた。

若松操車場は明治24年（１８９１）８月の若松駅開業と同時に、石炭車入れ替えのため、この地に設置。若松駅は、鉄道輸送から海上輸送への中継基地として、重要な役割を担うようになった。鉄道が開通するまで、筑豊地方の石炭は「川ひらた」（喫水《きっすい》を浅くし、船べりを広く取ってつくられた川船）で遠賀川《おんががわ》を下り、芦屋《あしや》港や若松港へ運ばれていたという。

鉄道開業後は、若松港の岸壁沿いに、機関区、客貨車

遠方の橋は、対岸の戸畑地区を結ぶ若戸大橋

区、鉄道工場、保線区などが次々に設置。昭和29年（1954）には、それらを含めた敷地は東西3キロ、35万平方メートル（福岡ドーム10個分）という広大な規模となった。操車場では昼夜を問わず貨車の入れ替え作業が行われ、最盛期には1500人もの職員が働き、年間1000万トンの石炭を搬出。戦前の若松駅の貨物の取扱量は、全国でも屈指であったという。

駅前広場には、かつて活躍した蒸気機関車が1両保存されていた。この機関車は、通称「カメ」または「クンロク」と呼ばれた9600形で、大正6年（1917）に貨物用として製造。昭和48年（1973）3月に若松機関区で引退するまでの55年間で、地球70周分、もしくは月までの3往復に相当する距離を走った。整然とした駅前広場にたたずむ古いSLは、若松の歴史を伝える証言者のようである。

西戸崎駅【さいとざき】
博多湾を望む臨海駅

海浜型

【観光度】★★★★☆
【哀愁度】★★★☆☆
【到着困難度】★★☆☆☆
【路線】ＪＲ香椎線（海の中道線）
【所在地】福岡県福岡市東区
【開業】明治37年（１９０４）１月１日
【交通】博多駅から40分
【付近の名所】海の中道海浜公園、マリンワールド

鹿児島本線で博多駅から４駅目の香椎駅《かしい》を出発すると、香椎線の列車は、博多湾に突き出た「海の中道《なかみち》」と呼ばれる半島部に入っていく。「海の中道」は全長約15キロの細長い砂州で、その先は、「漢委奴国王」の金印で有名な志賀島《しかのしま》へつながっている。やがて車窓左側に、波のおだやかな博多湾が見えてきた。進行右側は玄界灘が近いが、海岸沿いに連なる砂の堤防のため、その姿

西戸崎駅は志賀島への玄関口。ホームの先はすぐ海だ

西戸崎駅に着く直前で、博多湾の海岸が車窓にせまる

を見ることはできない。市街地を抜けると、松林の茂る国営公園、「海の中道海浜公園」の敷地内を走る。

香椎から20分ほどで、砂州の先端部に近い終着駅、西戸崎駅に到着した。ホームのすぐわきに博多湾がせまり、対岸には博多中心街のビル群が遠望できる。駅から徒歩3分の連絡船乗り場から、福岡市営の渡船が出ており、博多港（ベイサイドプレイス）や志賀島へ就航している。行きは鉄道、帰りは船で博多に戻る周遊コースが可能だ。

西戸崎駅の開業は明治37年（1904）と古い。もともと香椎線は、筑豊炭田でとれた石炭の輸送路線であった。福岡県のローカル線は、炭鉱閉山により、国鉄末期に多くが廃止された。しかし香椎線は、博多への通勤客や、週末は志賀島や「海の中道海浜公園」へのアクセス路線としての需要がある。かつての炭鉱路線は、半世紀の時を経て観光路線へと変貌した。

博多南駅【はかたみなみ】
新幹線で行く、不思議な終着駅

都市型

【観光度】★★☆☆☆
【哀愁度】★☆☆☆☆
【到着困難度】★★★☆☆
【路線】 ＪＲ博多南線
【所在地】 福岡県春日市
【開業】 平成２年（１９９０）４月１日
【交通】 博多駅から10分
【付近の名所】 新幹線博多総合車両所

博多南駅は、新幹線の博多駅から南へ８・５キロ延びる、博多南線の終点。もともと新幹線車両基地（総合車両所）への回送線を利用した路線で、開業は平成２年（１９９０）と比較的新しい。所属は山陽新幹線と同じＪＲ西日本である。

博多南行きの列車は、８両以下の短い編成。車両はすべて新幹線車両で、乗車するには運賃の

狭い片面ホームだけの簡素な駅。新幹線の車両基地が隣接している

駅前通り。駅上の高架線は平成23年春に開業した九州新幹線

ほか、自由席特急券（１００円）が必要である。列車本数は１日二十数本で、通勤路線のためか、朝と夕方以降に集中している。

博多駅を出発すると、引き続き高架線をたどり、ビルが立ち並ぶ博多の繁華街を走る。沿線はやがて住宅街となり、しばらくすると左手に、新幹線の車両基地が見えてきた。

博多駅から約10分で、博多南駅に到着。幅の狭いホームが片面のみで、売店などもなく閑散としている。隣接する広大な車両基地には、新幹線がずらりと並び壮観だ。ホーム端で写真を撮っていた親子連れは、北九州から来たという。

「ここはいろいろな形式の新幹線が見られますので、子どもにせがまれて来ました」と話す。

駅員によると、特に休日は家族連れや鉄道ファンが、見物のために大勢訪れるという。

駅周辺は高層マンションが多く立ち、新興住宅街の様相であった。平日はおもに、博多方面へ通う通勤・通学客に利用されているようだ。

三角駅【みすみ】
天草へのフェリーターミナルと隣接

海浜型

【観光度】★★★★☆
【哀愁度】★★☆☆☆
【到着困難度】★★★★☆
【路線】JR三角線
【所在地】熊本県宇城《うき》市
【開業】明治32年（1899）12月25日
【交通】熊本駅から50分
【付近の名所】三角港

出発を待つ古いディーゼルカー。駅舎のとんがり屋根が見える

三角線は、九州の有明海に突き出た宇土《うと》半島を縦断する、全長25・6キロのローカル線。もともとは明治中期に、航路を介して島原・天草地方と熊本を結ぶルートの一部として建設された。全線が非電化単線で、編成の短いディーゼルカーがのんびりと走っている。

鹿児島本線と接続する起点の宇土駅は、宇土半島の付け根に位置する。宇土駅を出発すると、

駅前のフェリーターミナル「海のピラミッド」

やがて右車窓に有明海が広がった。有明海は干満の差が大きく、ときに広大な干潟が見られる。ミカン畑やヤシの木など、南国風の植生が車窓を過ぎていく。

終点の三角駅は、島原半島や天草諸島への航路の中継地として発展した港町。その地名の由来は、景行《けいこう》天皇の筑紫《ちくし》巡幸《じゅんこう》の際、この地を通られたことにちなんで「御《み》門《かど》」と呼ばれ、のちに「三角」に変化したものといわれている。

駅の開業は明治32年（1899）と古い。港町の駅らしく、駅舎は灯台を模した造りで、赤いとんがり屋根が印象的だ。

駅前の道路を挟んで港がある。そこに立つフェリーターミナルは、巻き貝を思わせる円錐《えんすい》形の建物で、「海のピラミッド」と呼ばれている。ここから天草上島までは、船で所要20分ほど。三角駅は天草観光の玄関駅である。

高森駅【たかもり】
阿蘇山のカルデラ内にある

山麓型　未成線型

【観光度】★★★★★
【哀愁度】★★★★☆
【到着困難度】★★★★★
【路線】南阿蘇鉄道 高森線
【所在地】熊本県阿蘇郡高森町
【開業】昭和3年（1928）2月12日
【交通】立野駅から35分
（「ゆうすげ」の場合は約50分）
【付近の名所】阿蘇山、高森湧水トンネル公園

南阿蘇鉄道高森線は、ＪＲ豊肥《ほうひ》本線の立野《たての》駅から分岐し、高森駅へ至る全長17・7キロの路線。ほぼ全線が、世界最大級といわれる阿蘇山のカルデラ（火口原）の中にある。

立野駅から観光トロッコ列車の「ゆうすげ」で出発。トロッコ車は2両で、前後に小さなディーゼル機関車ＤＢ16が付いている。機関車も客車も、近年リニューアルされた新型のものだ。

阿蘇のカルデラには、かつては洞爺《とうや》湖や屈斜路《くっしゃろ》湖のような火口湖があったが、縄文時代早期に決壊して水が流出したとされている。その流出口に位置するのが立野で、阿蘇の外輪山は、唯一ここだけ切れ目がある。

立野駅を出て3分後、その切れ目である白川《しらかわ》峡谷に架かる、アーチ形の高い橋を渡る。欄干がなく、まるで空に飛び出したような感覚だ。はるか眼下に清流の白川が流れる。

「この橋は、長さ１６６メートル、高さ60メートルの第一白川橋梁です。昭和3年国鉄高森線の開通に合わせて、当時の架橋技術の粋を集めて完成したもので、文化財的にも大変価値のあるものです」と、観光列車らしい車内放送が流れる。当鉄道のハイライトでもあり、乗客から一斉に歓声があがった。昭和の初期に、よくぞこんな高い橋をつくったものである。この橋は昭和47年（１９７２）に旧国鉄高千穂《たかちほ》線の高千穂橋梁（高さ１０５メートル）ができるまで、ずっと日本一の高さを誇っていた。

観光トロッコ列車「ゆうすげ」

　白川がつくる河岸段丘を登り、列車はやがて、山峡から広大なカルデラの中へと入っていく。カルデラとは、火山内部のマグマが抜けたために陥没した地形のこと。阿蘇のそれは南北24キロ、東西18キロ、周囲１３０キロにも及んでいる。

　しだいに周囲が開け、のどかな田園風景となった。車窓は「峡谷」から「高原」へと、劇的に変化する。右手に連なるのは阿蘇の外輪山。1周が１００キロ以上もあり、阿蘇山のスケールの大きさがうかがえる。阿蘇山を日本百名山のひとつに選定した深田《ふかだ》久弥《きゅうや》氏は、この外輪山の連なりを、「自然の万

里の長城のおもむきがある」と表現している。

　左手には火山の核心部である阿蘇五《ご》岳《がく》（東から根子岳《ねこだけ》、高岳、中岳、烏帽《えぼ》子岳《しだけ》、杵島岳《きじまだけ》）のパノラマが広がった。この五岳に、西側の夜峰山《よみねやま》を加えた山容は、お釈迦様が寝た姿に似ており、「釈迦の涅槃絵《ねはんえ》」と呼ばれている。

「次の長陽《ちょうよう》駅は、昭和3年に国鉄高森線が開通したときに建てられた駅舎で、瓦と壁は替えてありますが、駅の形は当時のままでございます」と車内放送。小さなホームのわきに、昔の小学校を思わせるような、古い木造駅舎が立っていた。南阿蘇鉄道は、大自然だけでなく、鉄道関連の見どころも多い。車内では沿線にまつわる伝説や地名の由来など、観光列車ならではの案内が流れ、飽きることはない。

　立野駅から50分ほどで、列車終点の高森駅へ。

　標高は541メートル。広大なカルデラ内を走るので気づきにくいが、立野駅からずっと片勾配の登りで、260メートルも高度を上げている。

線路跡を利用した高森湧水トンネル公園

ホームは片面のみの1面1線だが、側線が何本かある。山小屋風のとんがり屋根の駅舎が立ち、待合室の一角は土産物コーナーになっていた。駅前には、旧国鉄時代の昭和50年（1975）に、九州で最後まで使われていた蒸気機関車C12形が置かれ、この路線の歴史を感じさせる。

線路は高森駅で途切れているが、かつてはここから、宮崎県の高千穂駅（旧国鉄高千穂線）へ至る鉄道が計画されていた。しかし昭和50年（1975）に、高森駅付近のトンネルを掘削中、水脈を切ってしまい大量の湧水が出て工事は中断。その後、延伸計画自体も中止になった。当初つながる予定だった国鉄高千穂線は、のちに高千穂鉄道となり、平成17年（2005）の台風被害が原因で全線廃止になってしまった。もしこのトンネル

駅前には国鉄時代に活躍したSLが保存される

が開通していたら、高千穂鉄道も別の運命をたどっていたかもしれない。

駅から徒歩10分ほどの、件《くだん》のトンネルを訪ねてみた。

トンネルは現在、湧水を利用した「高森湧水トンネル公園」として整備され、町の観光スポットとなっている。トンネル内を流れる水路のわきに遊歩道がつくられ、トンネル内部に入ることができる。最奥部からは、今も1分間に30トンもの水が湧出しており、水路の流れは速い。

白川の源流のひとつでもあるこの湧水は、トンネル掘削以来30年以上も、絶え間なく湧出している。鉄道建設を阻《はば》んだ水の流れに、阿蘇の大自然の営みを感じる。

枕崎駅【まくらざき】

片面ホームの先にある、最南端の車止め

【観光度】★★★★☆
【哀愁度】★★★☆☆
【到着困難度】★★★★★
【路線】ＪＲ指宿枕崎線
【所在地】鹿児島県枕崎市
【開業】昭和38年（１９６３）10月31日
【交通】鹿児島中央駅から2時間30分
【付近の名所】枕崎港

都市型　海浜型　廃線型

指宿枕崎《いぶすきまくらざき》線は、鹿児島中央駅から薩摩半島を南下し、枕崎駅へ至る南国情緒豊かなローカル線だ。同線は昭和11年（１９３６）に、「指宿線」として途中の山川《やまかわ》駅まで開通。戦争による中断を経て、昭和38年（１９６３）に枕崎駅まで延伸され、現在の線名になった。ＪＲ線で最も南に位置する路線である。

駅は100メートルほど鹿児島寄りに移転した

駅前に立つ灯台のオブジェ

枕崎駅はJR最南端の終着駅

平成16年（2004）に新幹線が開業した鹿児島中央駅を出ると、市街地を抜けて、波のおだやかな錦江湾《きんこうわん》沿いを走る。対岸に浮かぶ桜島の眺めが雄大だ。途中の西大山《にしおおやま》駅は、JR線最南端の駅で、ホームわきにそれを示す標柱が立っている。別名「薩摩富士」とも呼ばれる、端正な円錐形《えんすいけい》火山の開聞岳《かいもんだけ》の眺めがいい。

麦畑やサツマイモ畑が広がる薩摩半島南端部を走り、鹿児島中央駅から2時間半ほどで、終点の枕崎駅に到着した。枕崎は東シナ海に面した漁師町で、中でもカツオは全国有数の水揚げ量を誇る。

枕崎駅は、かつては薩摩半島の西側を通る鹿児島交通枕崎線（通称、南薩《なんさつ》線）が接続していたが、昭和末期に廃止され、以来、行き止まりの終着駅となった。鹿児島交通と共有していた大きな木造駅舎は平成18年（2006）に解体され、駅は100メートルほど鹿児島寄りに移転された。旧駅跡はバスターミナルとなり、現在の駅は簡素な片面ホームがあるのみだ。そのホームのすぐ先にレールの車止めがあり、そこに「最南端終着驛」と書かれた看板が立っていた。日本最北端の稚内駅からの距離は、在来線で2889・7キロ。日本列島の長さを実感する。

JR最南端の路線は、ホームの先であっけなく終わっていた

あとがき

本書の原型となったのは、おもに千葉県で発行している『ＺＯＯＭα（ズームアルファ）』（月3回発行）という地域情報紙に、「終着駅を訪ねる」というタイトルで足かけ4年にわたって掲載された連載記事である。単行本化にあたり、大幅に加筆し、また写真も追加した。

当初は『ＺＯＯＭα』において、ほぼ毎号連載の予定であったが、私の怠慢が原因で、いつしか隔号掲載となり、そのうち隔々号となり、気がつけば隔々々号となり、そのようにして掲載間隔はどんどん開いていった。

一時は別件の仕事が重複して絶望的に忙しくなり、半年ほど期間が開いてしまったこともある。「もう結構です」と言われるのを覚悟で、恐る恐る半年ぶりに原稿を送付したところ、「書けたらいつでも入稿してください」という神のような言葉をいただいた。このように寛容で慈悲深い編集部を、私はほかに知らない。

連載を持ちかけてくれた元『ＺＯＯＭα』編集部の高橋ますみさん、現担当の白井紀子さんには、この場を借りて感謝を申し上げたい。

この連載は、そのために取材に行くということはあまりなく、長年携わっている『旅と鉄道』などの鉄道雑誌や、旅行雑誌の取材で訪れた際に、（ときにはこっそり）重複取材をして書いたものだ。ただし、武豊《たけとよ》駅や久里浜駅など、筆が進まず追加取材をした駅もある。

連載時は全国各地からまんべんなく駅を紹介しているつもりであったが、単行本化にあたり地域別に整理してみると、関東地方が16駅、中部地方が17駅であるのに対し、近畿地方はわずか3駅と、かなり偏りがあったことに気づいた。しかしそれもまた、地域性を表す特色であると考え、あえてバランスよくまとめたりせず、機械的に8つの地域ごとに章を分けた。

連載では取り上げたものの、現在は列車が走っていないという理由で、本書に載せなかった駅がある。

細倉《ほそくら》マインパーク前駅（栗原電鉄）
十和田市《とわだし》駅（十和田観光電鉄）
女川《おながわ》駅（JR石巻線）

の3駅だ。

偶然ながらすべて東北地方にあるが、栗原電鉄は平成19年（2007）3月に、十和田観光電鉄は平成24年（2012）4月に廃止。女川駅は周知のとおり、東日本大震災による津波で、線路やホームすら跡形もなく流された。

女川駅は、鉄道雑誌で初めて依頼された取材の際に訪れた駅でもあり、思い入れがある。ホームと駅前で記念撮影をして、港近くのマリンパル女川のレストラン「古母里《こぼり》」で、名物のクジラ料理を味わった。あの整然とした町並み、あの風景が、もうなくなってしまっているということが、今もまだ信じ難い。この世の無常を感じずにはいられない。

震災の話を出すまでもなく、かつて訪れた駅を再訪すると、駅も駅前風景も、大きく変わってしまっていることがある。私は中学時代から鉄道旅行を趣味としており、国鉄全線完乗を目指し、20歳のころまでにほとんどの路線を訪れた。それらの駅を、10~20年ぶりに再訪した際、あまりの変わりように愕然とすることがあった。本書で紹介した駅の中では、室蘭、夕張、函館、荒砥《あらと》、横川、武蔵五日市、阿下喜《あげき》、宇野、枕崎の変わりようが凄まじく、ほとんど別の駅に降り立ったような感覚であった。

風景というのは常に変わっていくものであるが、駅周辺の風景は、その変化のスピードが特に速いように思う。駅舎も車両も新しくなり、ロータリーは整備され、駅前には新しいビルが建つ。子どものころによく見た木造駅舎や、混沌かつ雑然とした駅前風景は、急速になくなっている気がする。

そのように劇的に変貌していく駅の姿の、時間的にはほんの一瞬、空間的にはほんの一片を切り取って紹介したのが本書である。

このあとがきを書いている今も、武豊線が近々電化されるという話や、久留里線の旧型車両がなくなるという情報が入ってきた。旅のガイドブックとしてではなく、昔のアルバムを眺めるように、本書を開いていただければ幸いである。

最後になったが、単行本化のきっかけをつくっていただいた天夢人《てむじん》の松浦賢太郎さんと、交通新聞社の武田憲人さん、土屋広道さんに、御礼を申し上げたい。

谷崎　竜（たにざきりゅう）
1969年、名古屋生まれ。千葉大学理学部数学科卒業。在学中、秋田県男鹿駅にてJR全線完乗。大学卒業後、アジア・中南米を中心に50余カ国を放浪し、帰国後、旅専門のフリーライター・カメラマンとして活動する。著書に『のんびり各駅停車』（講談社）、『130円の鉄道大旅行』（イカロス出版）など。

交通新聞社新書043
終着駅はこうなっている
レールの果てにある、全70駅の「いま」を追う
（定価はカバーに表示してあります）

2012年 6月15日　第1刷発行

著　者――谷崎　竜
発行人――江頭　誠
発行所――株式会社　交通新聞社
http://www.kotsu.co.jp/
〒102-0083　東京都千代田区麹町6-6
電話　東京（03）5216-3915（編集部）
東京（03）5216-3217（販売部）

印刷・製本―大日本印刷株式会社

ISBN978-4-330-29012-6

交通新聞社新書　好評既刊

可愛い子には鉄道の旅を――6歳からのおとな講座　村山　茂／著
幻の北海道殖民軌道を訪ねる――還暦サラリーマン北の大地でペダルを漕ぐ　田沼建治／著
シネマの名匠と旅する「駅」――映画の中の駅と鉄道を見る　臼井幸彦／著
ニッポン鉄道遺産――列車に栓抜きがあった頃　斉木実・米屋浩二／著
時刻表に見るスイスの鉄道――こんなに違う日本とスイス　大内雅博／著
水戸岡鋭治の「正しい」鉄道デザイン――私はなぜ九州新幹線に金箔を貼ったのか？　水戸岡鋭治／著
昭和の車掌奮闘記――列車の中の昭和ニッポン史　坂本　衛／著
ゼロ戦から夢の超特急――小田急SE車世界新記録誕生秘話　青田　孝／著
新幹線、国道1号を走る――N700系陸送を支える男達の哲学　梅原淳・東良美季／著
食堂車乗務員物語――あの頃、ご飯は石炭レンジで炊いていた　宇都宮照信／著
「清張」を乗る――昭和30年代の鉄道シーンを探して　岡村直樹／著
「つばさ」アテンダント驚きの車販テク――3秒で売る山形新幹線の女子力　松尾裕美／著
台湾鉄路と日本人――線路に刻まれた日本の軌跡　片倉佳史／著
乗ろうよ！　ローカル線――貴重な資産を未来に伝えるために　浅井康次／著
駅弁革命――「東京の駅弁」にかけた料理人・横山勉の挑戦　小林祐一・小林裕子／著